まつろわぬ者たちの祭り

日本型祝賀資本主義批判

Ukai Satoshi
鵜飼哲 著

インパクト出版会

まつろわぬ者たちの祭り 日本型祝賀資本主義批判

目次

第2章 境界から歴史をみつめ返す

第3章

天皇代替わりとオリンピック・パラリンピック

日本型祝賀資本主義批判

序文に代えて

「東京へゆくな」二〇二〇

ありえないことが私たちの眼前で起きている。収束不能の原発事故からわずか二〇〇キロ余りのメガロポリスに、世界のアスリートを集めてオリンピック、パラリンピックを開催しようというのだ。しかも、「復興五輪」と銘打って。

これが意味することは、地震、津波、原発事故の三重の打撃によって政治的、社会的な未曾有の危機に陥った日本資本主義が、スポーツ・ナショナリズムの鞭を全力で振るって、なりふり構わず正面突破を図ろうとしていることだ。惨事便乗型資本主義の、最低、最悪の形態。一体となった愚民政策と棄民政策が、これほど公然と、体系的に、恥も外聞もなく強行されることは歴史的にも稀だろう。

いわゆる世論調査の数字と民衆の生活感のあいだに、これほどの落差が生じたこともめったにない。「オリンピックどころではない」ことを、どこかで感じている人は少なくない。福島をはじめとする東北の被災地から発せられる、臓腑から絞り出されたような怒りの声。新国立競技場等、東京の再開発計画によって日常生活の基本条件まで脅かされる地域住民の不安。巨大スペクタクル化したスポーツの現状に、払拭し難い違和感を募らせる「健常者」「障害者」……。当面はいかに微弱でも、反五輪抵抗運動の水脈は、複雑なかたちでこの社会に広がっている。これら多様な情動を〈組織〉するすべを、今、発明することが求められている。

一九六四年、すでに詩人を廃業していた谷川雁は、東京オリンピックの映像を見つめながらこう書いた。

「経済単位としてますます露骨に純化されていく国家の論理がどのようにしのぎを削りあおうとも、一見尖鋭にみえるその「多極化」のしっぽは世界市場の深まりゆく一元化にしっかりと踏みつけられている。(……)この体系はどこまで進行するだろうか。おそらく間もないうちに中国とその周辺を完全に呑みこみ(……)単一の世界権力にまで成育してしまわないだろうか。(……)すくなくともわれわれの内視世界には、この予感と推論をさえぎる根源的な障壁は何もない。いやすでにわれわれの肉眼ですら、九十四の国家の標旗に包囲され、見おろされ、単一の世界ルールに支配されて競いあう男女の裸像をとらえている。この「平和な」光景が語っているのは、逆流してくる未来の残酷さの受胎告知図ではないのか。」

（「わが組織空間」）

半世紀ののち、私たちはこの「未来の残酷さ」のただなかにいる。国民国家主義とグローバル資本主義を媒介するものが、ひとつは「核の国際管理」であることも知っている。しかし、「力をつくして未来の前に立ちはだかること」が「未来にたいする唯一の正当な儀礼」であることは、かつても今も変わらない。〈東京へゆくな〉——詩人だった頃の谷川のあの指令語が、これから六年半、この犯罪的事業に動員されるおそれのある全世界の労働者、アスリート、潜在的観客の耳に、胸に響きわたるよう、私たちは力をつくさなければならない。

（『インパクション』194号　特集＝返上有理！2020東京オリンピック徹底批判　2014年4月）

第1章

災厄のポリティクス

〈反詩〉の果て？
――原発震災下で黒田喜夫を読み直す

『社会文学』37号　2013年2月

二〇一一年三月一一日に宮城県沖を震源地として生じた巨大地震は、それが誘発した津波および原発事故によって、規模においてのみならずその複合性のために、私たちの歴史意識に容易ならざる挑戦をつきつけた。活字メディアを中心とする社会的言論はこの複合災害をやがて〈3・11〉と総称するようになり、それはいつしか〈フクシマ〉という四文字の片仮名記号と等号で結ばれるようになった。このような出来事の符牒化、言い換えれば日付と固有名のポリティクスに対しては、ごく基礎的なレベルで批判的検証が試みられなければならないはずだが、そのような作業がきわめて稀にしか見られないことに、震災以後の文化状況の深刻な徴候のひとつが現れているように思えてならない(1)。

日本という国は従来、他の近代国家に比べ、日付の刻印による社会的記憶の構築に消極的だった。これはこの国の近代が古代への復帰という擬制のかたちを取ったこととおそらく無関係ではない。明治維新に至る激動はついにひとつの日付も後世に残さず、それに代わって神武天皇の即位の日として「紀元節（現建国記念日）」が仮構された。この制度的「本能」は戦後においても本質的変容を蒙ったようにはみえない。敗戦に至る八月の三つの日付（六、九、一五日）と新憲法制定の日（一九四六年五月三日）をのぞき、他のいかなる政治的出来事も、日付の形で民衆的記憶に定着することをこの国の戦後体制は望まなかった。独立を回復した一九五二年四月二八日でさえ国祭日として指定されることはなく、この日その施政権がアメリカに掌握された沖縄と、この日を「沖縄デー」として記念日化した左翼陣営の外部では、世代を超えてこの出来事の記憶が継承されることはなかった。政治的日付の定着のこのような回避は、この国の民衆的記憶の脱政治化に一定の機能を果たしてきたと見ていいだろう。

それだけに、今回の災害以後、〈3・11〉という日付の符牒化がまたたくまに行われたことは驚くべきことである。このプロセスの背後にはアメリカにおける二〇〇一年〈9・11〉との類比があったことは明らかだが、そこにはさらに無意識の同一化さえ働いていたのではないか。このような仮説は、同時期に米軍の被災者救援活動が「トモダチ作戦」というコードネームのもとで展開され、各メディアがおおきく取り上げていたことを考え合わせるなら、あながち思い過ごしとばかりは言えない。米軍がこの災害を、在沖縄総領事ケヴィン・メアによる沖縄差別発言の暴露によって損なわれた「イメージ」の改善のための好機と捕らえ、政治的に徹底して利用したことは冷厳な事実である。こうして被災地の住民は「救われた」ことによって「欺かれた」。そして、沖縄の人々と分断された。震災以後、日本人の間でアメリカに対する好感度はかつてなく高まり、日米安保体制の支持率は過去最高に達した。日本の世論のこのような変化を見て取ったうえで、二〇一二年秋、欠陥機オスプレイが沖縄や岩国の米軍基地に強行配備されたという経緯から眼をそらしてはなるまい。

また、〈フクシマ〉という片仮名表記の固有名も過度の濫用は慎むべきだろう。この記号で暗示されるのは福島第一原発の核災害だが、それがいかに深刻で複雑な事態を引き起こしたにせよ、あくまで今回の複合災害の部分であって全体ではない。このような固有名のポリティクスのはらむ問題は〈アウシュヴィッツ〉という名の歴史を参照することで理解されよう。戦後直後から一九六〇年代まで、この固有名はナチス・ドイツの集団的兇行の全体を暗示する提喩的表現だった。「アウシュヴィッツ以後、詩を書くことは野蛮だ」とアドルノが書いたとき、彼の念頭にあったのはこの「全体」である。しかし、一九七〇年代以降、中東におけるイスラエル＝パレスチナ紛争が激化するにつれ、〈アウシュヴィッツ〉は次第にナチスによるヨーロッパ・ユダヤ人の絶滅政策を、ときにはもっぱらそれだけを指示する言葉として流用され、流通するようになった。この意味作用の転換は、ユダヤ人以外のナチの被害者とパレスチナ人を同時に排除する形で働いた。このようなレトリックの暴力は、通常考えられているよりはるかに深刻な効果をもたらす。

〈フクシマ〉という記号の場合、問題は二重である。第一に、〈フクシマ〉はいかなる意味でも被災地全体の提喩とはなりえず、地震と津波によって福島県以上の死者、行方不明者を数えた宮城、岩手両県はこの固有名によっては代表されえない。第二に、〈フクシマ〉は〈ヒロシマ〉〈ナガサキ〉という過去の日本の核被災地とセリーを構成しているが、この三つの名の片仮名表記は地名（漢字表記）と区別すべき出来事を換喩的に指示すると同時に、アルファベット表記からの日本語への（再）転記であることを暗示することによって、〈外部〉と想定された「世界」からの視線を〈内部〉に仮構する機能を担っている。まるで「世界」からの承認なしには、日本の国内で事態に相応しい課題意識を形成することは不可能であるかのように。

日付と固有名のポリティクスの以上のような分析から、さしあたり三つの予備的考察の方向を引き出すことができる。第一に、福島第一原発の事故は、その特異性がいかなるものであれ、巨大防潮堤の問題など今回の災害の他の側面から単純に切り離されるべきではなく、一九六〇年代以降の地方の過疎地への核施設の集中的建設は、日本の戦後や近代の、あるいはさらにそれ以前に遡る、国家形成と資本主義的発展総体の帰結のひとつであり、そのような広がりを持った歴史的文脈のうちに位置づけられなければならない。

第二に、この歴史的過程において民衆は単なる被害者ではなく、とりわけ戦後の農地改革から高度経済成長に至る時代の主体的な関与者としても描き出される必要がある。戦後の日本資本主義の再構築は農漁業を中心とする第一次産業のドラスティックな解体と表裏をなし、そのなかで資本の論理と地域民衆の生活の論理は本来相容れないはずのものであるにもかかわらず、各地で組織されたさまざまな抵抗の挫折を経て、後者の側に幾重もの屈折と自己欺瞞を強いる形で地方の保守化を招いた。炭坑における落盤事故が往々にしてそれに先立つ労働運動の敗北の痛ましい結果であることはこれまでも指摘されてきたが、福島第一原発の核災害についても、必要な修正を加えたうえで、おそらく同じことが言われなければならない。しかし、それはどのような闘い、どのような敗北の結果だったのか。それらの闘いや敗北を通じてどのような思想、どのような情動が形成され、記録されたのか。これらの問いを検討するための素材として、近い過去の日本語文学にはどのような作品が残されているのだろうか。

第三に、鉄道、道路、ダムから重化学工業の工場群を経て核施設に至る、過去一世紀半の間に「開発」の名のもとに地方に構築されてきた巨大なインフラストラクチャーは、国家の意志や資本の論理の貫徹の結果であるばかりでなく、歴史に深く根ざした民衆の夢が、逆説的な形で物質化したものでもあることが見過ごされてはならない。広島、長崎の被爆(曝)者とは別の意味で、福島第一原発の核災害で被災した住民たちには、この事故に対するある固有の責任がある。無論、それを問うことのできる者は当事者自身のほかにいない。それでもなお、民衆の夢がグロテスクな現実に転化してしまうこのメカニズムへの、苦悩を分有する立場からの想像の努力なくして、私たちが直面するこの〈過ぎ去らない現在〉の歴史的由来を正確に把握することはできないはずだ。

そもそも原子力発電施設は、平常の運転時においてすでに、施設内で働く下請け作業員の日常的な被曝労働を必要とする。この人々の雇用、労働、健康管理がどれほど酷薄な条件のもとで行われてきたか、どのような勧誘によって彼らが手配され、動員されてきたか、原発施設内の労働運動がきわめて困難なため、私たちはいまだその一端を知りうるに過ぎない。そして、被曝労働を強いられるこれらの民衆は、「夢のエネルギー」の供給地という倒錯した「誇り」とともに、補助金と現地雇用をもたらす原発の誘致を受け入れた地域の住民と、少なくとも部分的には重なる階層の人々なのである。

こうした錯綜した状況をある角度から鋭く照射するテクストとして、ここでは黒田喜夫（一九二六―一九八四）の作品を取り上げたい。管見に触れる限り、黒田の著作中に原子力発電所に直接言及した文章は見当たらない。しかし、一九六四年、中国の核実験に際して行われたアンケートへの彼の回答には、いくつもの意味で、今再発見されるべき重要な洞察が含まれているように思われる。

中国核実験成功のニュースのうち、特に中国民衆が熱狂しているという部分に打たれました。彼らは勝利した。そして飢えからの解放のためには、飢えたる者は不正義をも許容するという飢えの鉄則も勝利した。彼らの勝利は、そのために勝利と同じだけの負の荷物を背負わなければならない。（……）[2]

核兵器に関してこのとき中国について言われたことは、インド、パキスタン等、いまや核保有国となってしまったポスト植民地国家の現在についても言えるだろう。これらの場合には、国家の政策の背後に民衆の飢えが、飢えの現実ないし記憶が張り付いている。黒田のこの認識は、戦後直後に彼がかかわった郷里の農民闘争の敗北を通して彼がつかみ取り、ハンガリー動乱後の、スターリン主義の本質についての彼の分析を方向づけた「死にいたる飢え」をめぐる考察にもとづいていた。やがて日本の辺境地域に建設されていく核施設群についても、論じる機会があったなら、黒田はこの観点からのアプローチを試みたに違いない。

飢えの記憶は民衆をかならずしも反体制的にしない。飢えはむしろ、ある種の力への信仰を生む。そこで育まれる夢は、大日本帝国の時代、多くの日本人民衆を植民地へと駆り立てた。植民地喪失の後、引揚者が入植した辺境の開拓地は生産性の低さのため極度の貧困に苦しみ、青森県の六ヶ所村のように、やがて核施設用地として買収されていった所もすくなくない。

一九六七年の黒田の評論「詩と反詩の間のコミューン」は、高度経済成長期における詩の根拠を問うたものだが、同世代の詩人・谷川雁に宛てた公開書簡の形を取っている。思えば後年の原発立地では、谷川の一九五八年の詩のよく知られた一節、「東京へゆくな／ふるさとを創れ」（「東京へゆくな」）という呼びかけが、悪夢のようなパロディに転化して実現されたと言えなくもない。黒田は谷川の詩の美しさが、存在と意識が必然的に乖離してしまう民衆の現実を、反近代的な〈無〉の思想によって一方的に超絶することによって成立したものと考える。そして、世界のイメージが詩的凝縮によって形成しえなくなった時代になお求められるべき詩の課題を次のように提起する。

> （……）現在に生きる詩人とは、いずれにしろ近代の分立のうえで表現せざるを得ない詩人のことなのだ。その詩人には、彼の詩の存立条件からくるものとしての現実とのある断絶はほとんど逃れられないのであって、彼はその断絶を意識すればするほどそれをどこまでも自己の内部に抱えこみながら、現在の詩の存立条件自体を止揚する全的な人間の詩にむかって表現をつづける他はないといえるわけだ。このような詩人の表現を民衆の反詩の詩の対極においてその間の拮抗を維持し、また例えば自己の思想の挫折そのものを表現のなかにくり入れつつ、全的な詩〜近代の止揚への志向を持続することが、いままで見て来た一人の詩人・工作者にとっても途上の死に耐える唯一の方途だったとは思えるのだ。（強調は黒田）(3)

「反詩」はこの時期の黒田の評論において重要な役割を託された戦略的造語であり、詩的凝縮に抵抗する、けっして〈美〉へと昇華されえない民衆生活の現実を暗示する。このような民衆像は、黒田の詩のなかでは、しばしば人間の動物への奇怪な変身を通して描かれた。たとえば一九六〇年の作品「ウ・ナロード」では、保守党の支持者となった親族たちの相貌が蚕の顔貌を通して表現される。

土間の奥から
虫か人かわからない声が聴こえる
桑園はもうわがものだし
反革命党は蚕糸価を維持している
壁を這うのは蠍ではない
爬虫もいない　おれたちはただ
繭を編みたい
現れてきた末端拡大の虫の貌が
みるみるきびしい従兄弟の姿に変貌した
それから迫ってきておれを追った(4)

沖縄の米軍基地問題に如実に現れているように、国家や資本の圧力による巨大軍事施設ないし産業施設の押しつけは、地域社会を回復不可能なまでに分断する。地域の側に主体性が仮構されるとき「誘致」という言葉が用いられるが、他の多くの事例と同様、自律的選択と他律的強制の二分法は、現実の過程の複雑さからは遠く懸け離れた表象しか生まない。原発に関しても構図は基本的に同様だろう。

　しかし、そのような分断は、農地改革期以後の村落共同体で、巨大施設建設計画のあるなしにかかわらず、つねにすでに始まってもいたのである。さらに言えば、共同体とは、数々の歴史的暴力の痕跡である亀裂を与件として構築されるほかなかったもののこととも言えよう。土地を持たない農民の子として生まれた黒田は、村落に単純な「内部」などないことを知り尽くしていた。外来の圧力は、平時には隠蔽されているこれらの亀裂をあらわにする。そのようなとき彼の詩には、人間に固有な限界が決壊したように、さまざまな動物の形象が侵入する[5]。

　先に引用した一節に清田政信は、「現代の生産性に毒されていない深い原質によって捉えられ」た、「自然のはらむ生命に対する」「畏怖感」を見ている[6]。同じ像に私たちは、飢えの記憶に育まれた、民衆の夢の持つグロテスクな力の暗喩を見る。そして、この二つの解釈はおそらく背馳するものではない。清田が正確に述べているように、日本の抒情詩が〈自然〉への畏怖を忘却することによって、逆に「人間の劇性」を「〈自然〉の中へ解消」する強い傾向を持つのに対し、黒田の詩のなかには〈自然〉への古代的な畏怖が生きており、まさにその限りで〈自然〉が「人間の劇性の喩になり得ている」のである。

〈文明〉は〈自然〉を畏怖する心を馴致する。核エネルギーの人間による制御を可能とみなす信憑は、このような〈文明〉化過程の全体を前提としている。そしてその過程のなかでは、原発安全神話のごとき科学＝技術信仰と、〈自然〉および〈民衆〉の一面的な美化は、もともとは同じ畏怖心の喪失から生まれた双生児なのである。無垢な存在として表象された〈自然〉や〈民衆〉に科学技術を、例えば原発を単純に外来の異物として対置するような思想は、この過程をその本質においてラディカルに捉え返すことはできない。核エネルギーもやはり〈自然〉であり、その根底に秘められていたものにほかならないからだ。

一九七一年の評論「風景と怨情」[7]で黒田は小野十三郎の近作に触れ、同じ詩人の三〇年代の作品を特徴づけていた、重化学工場群と植物からなる大阪湾沿岸の荒涼とした風景を冷徹に凝視する視線と対比して、その「人間的な弛み」を指摘している。

遠方に
波の音がする。
末枯れはじめた大葦原の上に
高圧線の弧が大きくたるんでいる。
地平には重油タンク。

（……）
硫安や　曹達や
電気や　鋼鉄の原で
ノジギクの一むらがちぢれあがり
絶滅する。（「葦の地方」一九三九年）

四日市海岸の
桟橋の橋桁の下の
泥海にもぐっている石油くさいウナギよ。
しかし、お前も死に絶えることを
おれは望まない。（「コンビナートの鰻・部分」一九六六年）

一九六〇年代後半以降、様々な反公害闘争から生まれた詩的表現のなかには疑いもなく重要な作品が存在するが、四日市公害事件に取材した小野の後期作品に黒田が「停滞的弛緩」を認めた際の批評的基準に照らすならば、「負っている現在的衝迫との深い段落感」を免れている例はどのくらいあるだろうか。少なくとも、これは検証に値することのように思われる。

福島第一原発事故に立ち至るまで五四基もの原発が建設され、その一方で農業人口が二五〇万人にまで激減した二一世紀の日本、一九三〇年代とは比較を絶するまでに荒廃してしまったこの国で、私たちが直面している現実を、その絶望的な深部から詩的に表現する道はどこに開かれているだろう。この国の民である私の、私たちの実在の根底に、決して他者——人間、動植物、機械、無機物、いずれであれ——に投影して済ますことのできない怪物性を凝視できる感性だけが、〈モンスター〉としての原発を、それをもたらした歴史的規定性の総体とともに、透徹した表現のうちに捕らえることができるのではないか。この課題が正確に把握されたとき、高度経済成長に対する失効したルサンチマンの表現とみる向きもあった黒田喜夫の作品が、日本語文学のかけがえのない遺産として、思いがけなく私たちの前方に現れることもありえないことではないだろう。

註

(1) この点を批判的に考察したまれな例として下記を参照。「この地震とその後の一連の災害、それをめぐる状況を指して「3・11」や「3・11以後」といった言葉が頻繁に用いられているが、私はこの言葉を使わない。「3・11」や「9・11」といった言葉は記号としては便利だが、考えようとする現象の時間的・空間的・社会的な拡がりや深さを時に捨象して、いくつかの印象的なイメージへと認識と了解を閉じ込めると同時に、その出来事をどこか特権化する機能をしばしば果たしているように考えるからだ。」若林幹夫「〈都市〉と〈災厄〉をめぐる思想――二〇一一年の東北大地震とその後の出来事から考える」、『社会思想史研究』、三六号、二〇一二年、二五頁、注1。
（2）黒田喜夫『詩と反詩』、勁草書房、一九六八年、三九八頁。
（3）同書、一七六頁。
（4）同書、四七頁。
（5）黒田の作品世界における動物的形象に関しては、鵜飼哲「黒田喜夫の動物誌」、『応答する力』（青土社、二〇〇三年）を参照。
（6）清田政信「歌と原郷――「一人の彼方へ」から」、『現代詩手帖』、一九七七年、二号。
（7）黒田喜夫『負性と奪回』、三一書房、一九七二年、六一―七八頁。

〈過ぎ去らない現在〉から〈はじまり〉へ

『津波の後の第一講』2012年2月28日

ゼミ生および友人のみなさん

三月一一日に突発した恐ろしい出来事がなお持続するなか、二〇一一年度の夏学期が始まります。

ご実家や成長期を過ごされた地が災害に見舞われた方が、いま私の知る範囲で、私たちのゼミには三名おられます。その方たちはいまも大変な日々を送られていることと想像します。ほかにも、なんらかの形で被害を受けられた方がおられるでしょうか。被害を受けられたみなさんに、あらためてこころよりお見舞いを申し上げます。

夏学期のゼミは、毎週その相貌を変えていくに違いない、この〈過ぎ去らない現在〉を思考する努力に捧げましょう。そのためのテキストも、学生／教師の役割分担を超えて、一緒に探し、読み、論じあう空間をつくり出したいと願っています。

ウェブシラバスには次のような文章をアップしました。

〈3・11〉とその前後を考える

このゼミでは毎年、多様な研究テーマを持つゼミ生が、各自の関心に即して何ごとかを得られるような主題と文献の選択に努めてきた。今年のゼミは、〈3・11〉に起きた地震と津波、そして原発事故という災厄のなかで、全面的にこの出来事を思考するための共同の努力の場としたい。異例の規模と複合性のため、どんな命名のポリティクスもただちにその限界をさらすほかないこの災厄を、それぞれの立場でその内部にいながら、私たちはまだ思考することができずにいる。欠乏、不安、親族や友人を失った悲しみ、国、県、電力会社への怒り、そして余震と放射能に対する恐怖のなかで心身の消耗に抗して生きる人々の存在を私たちはかたときも忘れられない。いま大学でゼミを開くということは、この緊急性のさなかで、学習と思考のための時間を、あえてみずからに、またたがいに、与えあうことである。制度に支えられつつも、そのあやうさ、有限性が、かつてなくあらわな時間を。この本質的に希少な時間に、学びあい、語りあうべき事柄は多い。それをここで列挙することは控えたい。〈3・11〉以後の生の条件を思考すること、〈3・11〉以前の世界をいまや別の視線でみつめなおすこと、このふたつの作業を、あくまでも並行して進めるべきだろう。(……)

(二〇一一年四月一四日)

この小文の閾に立ち尽くして、この四月、みなさんに宛てて綴った最初のメッセージを読み返しています。言葉の苦しさ、ぎこちなさ、貧しさに、あらためて顔が赤らむ思いです。これだけが、あのときの、自分の手持ちの言葉だったのだと、その事実を直視するほかありません。東京の多摩地区にある大学の、人文系の大学院で、二週間の遅れののちに始まった二〇一一年度の夏学期。それがどのような場でありえたか、その反省のためのひとつの素材として、のちにゼミでも討論できるよう、この場を借りて、私のほうから一個のボールを投じることにします。

私がこの一文を寄せ、またその編集にも参加している書物のタイトルは『津波の後の第一講』といいます。共編者である今福龍太さんの発案です。今福さん自身がこのタイトルにこめられた含意については、おそらく序文で詳しく述べられることでしょう。わたしは、このタイトルについて、こんなことを考えました。

地震でも、原発事故でもなく、津波の後の第一講。「震災以後」や「〈3・11〉以後」が、時代を仕切る符牒としていやおうなく人口に膾炙していくなかで、このタイトルは私たちの現在を、「津波」による切断から考えようとしている。物理現象としては、宮城沖の海底でマグニチュード九・〇とされる地震が起き、地震が津波を誘発し、津波が福島第一原発で、四機の原子炉を破壊する核災害を引き起こした（とはいえ一号機では、地震による配管の損傷が水素爆発につながった可能性が高い）。この三重の災厄において、因果の連鎖上ではなくともすくなくとも時系列上では、津波は中間の位置にある。そして、被害の規模という点では、津波こそが、もっとも多くの生命を奪い去り、建造物を破壊した、巨大災害の直近の原因だった。

出来事の時間性という点からみるならば、三つの災厄には異なる構造がある。余震が止まず、原発事故が収束から遠い、前掲のゼミの開講案内で〈過ぎ去らない現在〉と言われているようないまわしい持続のなかで、ただちに凄まじい破壊を引き起こした津波だけは、ともかくひとたび、私たちの現在から引き退いていった（石巻のように長く水が引かないところもあり、余震のたびに新たな津波の不安が、生き残った被災者の胸を締めつけるとしても）。生き残った被災者は、また後に被災地を訪れた人々も、海岸線からはるか遠くに運ばれて、いまだ散乱する船のかたわらで、いまは穏やかな彼方の海に、信じられない思いで視線を向ける。膨大な、無残な傷が充満する空虚のなかで……。

津波の後に、津波が引き退くことで私たちに与えられた時間も、この空間と同じく、傷が充満する、空虚な、無言の、声を飲む時間でしかありえない。そのとき、最初の講義を、どのように始めるべきか。最初の声を、どのように発すべきか。『津波の後の第一講』とみずから名乗るこの本は、この四月、教師という立場にあった者たちの、このような特異な「はじまり」の試練、経験の数々の記録であろうとしている……。

しかし、私たちは、私たちのゼミの時間性が、このように想定された時間性とは、実際には、かなり異なっていたことを知っています。小文の初めに引用した文章はゼミのメーリングリストを通じてお伝えしたものですが、その内容は、四月新入生以外のゼミ生、ゼミ出身者、そしてゼミの友人たちが、震災後の一月の間、たがいに連絡を取り合ってきたこと、そのうちの何名かの出身地が、親族が、実家が、おおきな被害を蒙ったこと、その事実を全員が知っていることを前提にしています。そこにはすでにある共同性が想定されており、大学院のゼミである以上、それは各自の研究の深化を目的とした共同性です。こうした条件のもとでゼミを開講するには、私たちが「それぞれの立場でその内部にいながら」「まだ思考することができずにいる」終わらざる災厄の時間を、制度に支えられて分有されるべき研究の時間に、なんとか節合しなければなりません。三月以前に予定され、予告もされていた課題やテキストは、激変した条件のもとで、いやおうなく変更を余儀なくされるでしょう。

二〇一〇年度の私たちのゼミのテーマはレイシズムでした。「人種差別」という概念、その内的構造、制度的な構築過程、現実に及ぼしてきた諸効果を、理論的かつ歴史的に検討する作業を、私たちは、いくつかの論文や著作を一緒に読み、また何人かのゲスト講師の方の報告から学びながら継続してきました。今年はその延長上で、「人種」という概念が前提する「血縁」の観念と、「コスモポリタニズム」という思想の近代における成立の条件を研究する目的で、マーク・シェルの『地球の子供たち』(1) を最初のテキストに選んでいたのでした。ゼミ開講に先立つ日々、私はこの本を読み返し、進行中の出来事と結び合わせることのできる糸を探し求めました。しかし、欧米の政治史や文学作品を主な題材としつつ、「すべての人間は兄弟である」という、いまや世界の全域に無限定に浮遊している奇妙な命題の形成過程を、政治学、宗教学、社会学を横断しつつ分析したこの著作は、災厄の時間と研究の時間を節合する媒体としては、さしあたりやや距離が大き過ぎると判断せざるをえませんでした。この著作と私たちが置かれている歴史的状況を対位法的に位置づけることから、いくつかの迂回路を経て導きうる論点については、私たちにその時間が与えられるなら、次年度以降に立ち返る機会を持ちたいと思います。

とはいえ、私たちの昨年の学習と討議から、災厄の時間を通過して、四月の再会の時にたどり着いたものが皆無だったわけではありません。四月二四日、ゼミ開講の翌々日、一橋大学で映画『ＴＯＫＹＯアイヌ』（森谷博監督）(2)上映会とそれに続く宇梶静江(3)さんの講演会が行われました。私たちは昨年、日本の国家と社会による、アイヌ民族に対する抑圧の歴史の学習に着手し、「人種主義」概念の現在の状態、その機能の仕方との関連で、この歴史の独異な性格を理解する努力を、ささやかながら開始していました。この企画はその延長上で生まれたものであり、私たちのゼミはその主催団体のひとつでしたから、私たちにとっての「津波の後の第一講」は、宇梶静江さんの講演「アイヌとして生きる」にほかならなかったと言っても過言ではありません。そして宇梶さんからは、講演に先立って、私たちのもとにこんな詩が送られてきていました。

大地よ

重たかったか
痛かったか
あなたについて
もっと深く気づいて、敬って
その重さや痛さを
知るすべを
持つべきであった
多くの民が
あなたの重さや痛みと共に
波に消えて
そして大地に
還っていった
その痛みに今
私たち残された、多くの民が
しっかりと気づき
畏敬の念を持って手を合わす

2011, 3, 19, am 2:00

アイヌ　宇梶静江　七八才(4)

四月下旬という時期に、みなさんがこの詩を読んでひとりひとりどんな感想を抱かれたか、残念ながら、これまでゼミの場で言葉をかわす機会はありませんでした。私にとって最初の衝撃は、この詩がそのタイトルからして「大地」への呼びかけであることでした。激甚災害の渦中に、「大地」と詩人の差し向かいの空間が創出されていることでした。しかし、呼びかけられたこの「大地」は、どこに、ある／いるのでしょう。最初わたしはごく単純に、あの日、ユーラシアプレート、フィリピン海プレートの下に北米プレートがもぐり込み、巨大な地震と津波を引き起こした三陸沖の海底に思いを馳せていました。それは海と対立する地ではなく、海もまたその上に乗せている「大地」の、その内部構造に由来する、「自然」な「痛み」、「重さ」のことだろうと。

しかし、宇梶さんが講演で示唆されたことは、こんな浅薄な理解とはまったく次元を異にしていました。「カムイモシリですね。神様の培われている大地、カムイモシリよ、重たかったたか、痛かったかという言葉が出たんです。(5)」宇梶さんの口から出た「大地」という日本語は、特定の地理的空間を指していたのではなく、民族文化の総体を担うアイヌ語の言葉、〈カムイモシリ〉を翻訳していたのでした。後日宇梶さんは、もういちどこの呼びかけに、また別の角度から触れられています。

「足尾銅山だとか、沖縄の射撃練習場の赤土、裸にされた山、戦争で傷ついた自然、海の底まで掘っている。人間はひどいことをしていますね。そういうことがひとつひとつ自分に突き刺さっているわけだよね。沖縄の射撃演習なんか私のかあちゃんが撃たれているような悲しみを感じるんです。そこに住む人たちの平和を考えないからそういう恐ろしいことが出来る、それを見ている私は何なんだという思いがあったね。そういうことが溜まっていたんだと思いますね。それが、「重たかったか、痛かったか」という言葉になったんですね。(6)」

アイヌ語の地名には身体にかかわる表現がしばしばみられます。それはたんなる比喩ではなく、人間の身体と大地の「身体」が通底していると考えるアイヌ文化の根本的発想に由来するといわれます。このような文化を継承する身体は、大地に起きた出来事、大地が蒙った傷を、みずからの皮膚の表面で、臓腑の内奥で、わがことのように痛感するのではないでしょうか。そのとき、地震と津波は、人間による開発、戦争、汚染のために深手を負った〈カムイモシリ〉が、その「痛み」のあまりに起こした巨大な身震いのように感受されたのでしょう。

津波による被害について、宇梶さんは講演で、つぎのようにも言われました。

「（……）ちょうど七八年前も、東北の震災のあの場所は、多くの人がだまされて亡くなっている。同じところに津波が来るということは、そこに津波が来やすい、行きやすいんじゃないのかね。だから、地震が起こって、津波が悪いということじゃないと、先住民は思うと思うんだよね。そこが行きやすいとこじゃないんだべかと、親たちは言うと思うんだよね。そういうことを知ってもらいたいというのが、先住民の日常の言葉だったと思うんだ。」

七八年前の一九三三年、宇梶静江さんが生まれた年、三陸地方は地震による津波に襲われました。あのときも、今回も、津波による死者は「だまされて亡くなった」という認識を宇梶さんは示唆されています。その含意は、宇梶さんの古布絵作家としてのお仕事のひとつである『セミ神さまのお告げ(7)』という作品から伝わってくるような気がします。

北の海辺に二つの村があり、「ランペシカ・コタン」は低地に、「リペシカ・コタン」は高台にありました。低地の村には人間の生命の六代分に相当する時間を生きてきたおばあさんがいて、ある日、大津波が近いこと、下の村も上の村も飲み込まれてしまうことを警告する歌を歌い出しました。おばあさんが住む下の村の住民たちはこの予言に耳を傾けず、上の村の住民だけが予言を信じて避難しました。津波は予言通りに襲来し、二つの村は飲み込まれ、おばあさんも家の屋根に乗ったまま海に流されていきました。そのときおばあさんは、海の主である「アトゥイコルカムイ・エカシ」に向かって、もし自分がこの海で死ぬなら自分の死臭がいつまでも海に取り憑くだろうと語りかけ、自分を助けるように求めます。この脅迫まがいの命乞いに海の主は激怒し、おばあさんはひねりつぶされて「六つ地獄」に突き落とされてしまいます。しかし、村の守り神「アイヌ・ラックル」の妹が糸を紡いでいて誤って梭《ひ》を地面に突き刺したため、地獄に通じる穴が開き、おばあさんは地上に這いのぼってセミの神に生まれ変わりました。こうして今も、夏になると、人間だったときと同じように歌い出すのです。

　このようなアイヌの民話を適切に解釈することはきわめて困難な作業です。なによりアイヌ語の知識が必須ですし、民話の形成過程についての歴史的理解も不可欠でしょう[8]。宇梶さんはご本の解説で、おばあさんの年齢である「六代」や「六つ地獄」という表現に現れる〈六〉という数は、セミの幼虫が地中で過ごす六年間に由来するのではないかと推測されています。宇梶さんが言われるように、もっとも不可解な箇所にこそ大切なメッセージは秘められているのでしょう。いずれにしても、アイヌ民族の世界観に即して考えるなら、津波が繰り返し到来する場所には、物理的危険に対する恐怖とは異なる「畏敬の念」をもって、人は住まないようにすることが求められるのです。いかに巨大であれ有限な規模の防潮堤が与える「安心」は、結局のところ、いつわりの「安心」にすぎません。この意味で、地震、津波は自然現象ではあっても、それによる被害を単純に「天災」とみなすことはできません。原子力発電所に関するいわゆる「安全神話」と同根の自他に対する構造的欺瞞が、じつは地震、津波に対する近代の日本人の向き合い方そのものにすでに潜んでいたこと、宇梶さんの詩と講演は、この四月、私たちに、就中、そのことを考える手がかりを与えてくださいました。

ここで「〈3・11〉とその前後を考える」という、私たちの夏学期のゼミのタイトルに立ち返りましょう。この言葉には、すでにこの時期、〈ポスト3・11〉という符牒があたかも自明の合い言葉であるかのように流通しつつあった社会的趨勢に対する、私自身の居心地の悪さが表現されています。[9] 震災、津波、原発事故という複合災害は、その苛酷な「光」によって、これまで多くの人の眼には見えていなかった列島社会の、さらには東アジアの過去をこそ、むしろ照射しているのではないか。そしてこの「光」のなかで、震災の直前に私たちの関心を占めていたいくつかの課題、朝鮮人の民族教育権を求める闘いや沖縄の米軍基地撤去を求める闘いが、新たな展望のもとに現れてくるのではないか。突然の、過酷な故郷喪失を経験しつつある被災地出身の日本人のゼミ生と、在日朝鮮人の、韓国人留学生の、沖縄人のゼミ生とのあいだに、これまでとは質の異なる感性と知性の交通を、それぞれの歴史的経験の相互的な翻訳空間を、どうしたら作り出していけるのか。そしてそのことを通して、私を含む他の日本人が、また他の外国人が、そのような対話の空間に、どのように加わっていくべきか。私たちのゼミは、そのメンバーの構成からして、この夏学期のゼミが成立するためにはこのように問題を立てる以外になく、あえて言えば、かくも「野心的」な目標を設定することについて選択の余地はなかったのです。

私たちが最初のテキストに選んだ雑誌『世界』(二〇一一年)五月号からは、以下の論文が検討されることになりました。ジャン＝ピエール・デュピュイ「未来の追悼」、西谷修「近代産業文明の最前線に立つ」、岩田靖夫「「人間愛」の社会へ」、森まゆみ「震災日録」、吉田司「西へ、南へ！」、森崎和江「天災・人災の彼方へ」、簾内敬司「幸ひ思ひ出立申すべし」、鈴木真奈美「「フクシマ」という道標」、飯田哲也・鎌仲ひとみ「自然エネルギーの社会へ再起しよう」（対談）、神保太郎「メディア批評」。雑誌『現代思想』（二〇一一年）五月号からは、鈴木江理子「大震災で見えてきた在日外国人たちの姿」が、ゼミ参加者の共通の関心に応えるレポートとして取り上げられました。そして、この状況を思考するための叩き台となるべき哲学史上の古典としては、オーソドックスに、ハイデガー『技術への問い』を選ぶことになりました。それぞれの発表者がこの例外的な共同学習の時間に、「批判的に学ぶ」姿勢をしなやかに貫いていたことに、毎回深く励まされました。

またこの夏学期は、従来文献中心だった私たちのゼミとしてはこれまでになく、多くの映像作品に接することになりました。すでに触れた『TOKYOアイヌ』のほかに、黒澤明『生きものの記録』（一九五五年）、土本典昭『水俣病——その二〇年』（一九七六年）、森崎東『生きてるうちが花なのよ死んだらそれまでよ党宣言』（一九八五年）、鎌仲ひとみ『ミツバチの羽音と地球の回転』（二〇一〇年、抜粋未編集版）の鑑賞を通して、冷戦下の被曝恐怖、水俣病表象をめぐる論争史、原発労働、反原発地域運動に関する認識を深めることに努めました。森崎作品の背景をなす沖縄の日本「復帰」運動、一九七〇年のコザ暴動、そして「反復帰」論については沖縄人の、東北地方における在日朝鮮人共同体形成史については在日朝鮮人のゼミ生に、それぞれ貴重な報告をしていただいたことは、この学期のゼミのとりわけ大切なモメントでした。お名前を挙げることは控えますが、発表者の、また討論参加者のひとりひとりに、あらためて感謝いたします。

被災地出身のゼミ生では、福島市出身のYさんが、五月初めの連休中に行った放射能汚染に関する現地調査の報告をしてくださったのに続き、山内明美さんに、「宮澤賢治をめぐって〜『グスコーブドリの伝記』と『鹿踊のはじまり』」という提題で発表していただきました。当日参加された人々には長く忘れ難い時間となったに違いないこの発表について、ここで私が不正確な報告をすることなどは問題になりません。そのかわりに、山内さんが雑誌『インパクション』(一八〇号)に寄せられた「南三陸〈感情島〉」というエッセイから受けた衝撃に、ひとつのかたちを与えることを試みたいと思います。

山内さんの実家がある宮城県南三陸町は今回の津波でもっとも甚大な被害を受けた地域のひとつです。幹線道路が寸断されて陸の孤島と化し、町役場も警察署も流されて連絡が途絶え、被害の規模がわからないなかで、一時は全滅という可能性さえささやかれていました。地震の震源地が宮城県沖であることを、山内さんは、お住まいの学生寮近くの食堂のテレビで知りました。店のご主人が隣町の出身であることを知って、「なぜか、とてつもなく胸騒ぎがした」と書かれています。

高校生の山内さんが故郷の風土に関する痛切な認識を刻んだ一九九三年の冷害のことを、ほんとうに恥ずかしいかぎりですが、私は正確に記憶していません。一〇年ほど前、山形の寒河江出身の詩人・黒田喜夫に関するエッセイ[10]を書いたときも、黒田が終生こだわった「飢餓」の思想について、列島社会では私の世代以降もはや集団的経験の地平から消え去った主題であるかのように論じたのはたいへんな思い違いでした。今回の地震、津波、そしてとりわけ原発事故は、いわゆる高度経済成長と「列島改造」以後も、東北が依然〈東北〉だったことを思い知らせました。近代東北における米の表象の研究に取り組んできた山内明美さんは、今回の出来事に際し、そのことの意味を厳密に考察し語る用意ができていた、少数の若手研究者のひとりです。

当日山内さんのお父さんは、町の消防団の副団長として水門を閉めにいき、押し寄せる津波と向き合うかたちになり、ぎりぎりのところで消防士に救われました。しかし、その一〇人の消防士のうちなんと九人の方が命を落とされたのです。二週間後、故郷の町にようやく到着した山内さんは、かろうじて被災を免れた自宅の車が、霊柩車として使われていることを発見しました。「この町で生き残ったひとびとは、たぶん例外なく、生き残りの後ろめたさのようなものを抱えている。父の姿をみながら、ぼんやり思った。」

ゼミでの発表、この文章、そして秋に出版された著書『こども東北学』[11]を通じて、この間山内さんは、ひとつの言葉を、繰り返し、噛みしめるように語り続けてこられました。それは「ケガチ」という言葉です。

「三陸は、剥き出しの自然に晒された、「最後の場所《ケガチ》」である。陸で暮らそうが浜で暮らそうが、ここは、どこも例外なく、ケガチなのである。ここは生き死にの物語が無数に埋もれた土地なのだ[12]。」

「東北には、ケガチの風土がある。「ケガチ」とは、飢渇／飢饉という意味のことだ。「ハレ」と「ケ」という言葉を聞いたことがあるひともいるかもしれないが、日常を意味するのが「ケ」、非日常を意味するのが「ハレ」だ。そのうちの「ケ」、つまり日常にとってもっとも必要な食糧が欠けがちである、ということから「ケガチ」という言葉になったともいう（そこに暮らすひとたちは「ケガヅ」と言う）[13]。」

風土の自然的特質ばかりでなく、そこに住まう人々の心性までそこから滲出するような言葉として、山内さんは「ケガチ」を語ります。この言葉を生きる人々にとって、トラウマは、過去以上に将来にかかわるもの、future trouble の様相を呈します。「外傷が外傷的で治癒不可能であり続けるのは、それが〈来たるべきこと〉から来るためである」と述べたのはジャック・デリダでした[14]。山内さんの認識も、本質的に同じ方向性を示唆しているように思えます。「ケガチとは、三陸の抱えたトラウマ、即ちFuture trouble なのだろう。いつ何時、それがどんな強度でやってくるのかもわからない。そのケガチと共に生きることを、まるでこの土地が宿命づけられているかのようだ。そんな歴史の断層を、わたしたちはいくつも知っていた[15]。」

このエッセイで、「わたしたち」という人称が現れるのは、ここがはじめてです。歴史的知性の立場に立つならば、「断層」という地震にかかわる地質学的比喩によってしか指し示しえない予知不可能な将来から、時間的連続性を断ち切って襲来するトラウマ的出来事の、逆説的な「知の主体」である「わたしたち」。東北における災害の歴史を内側から生きてきたこの特異な「知の主体」は、しかし、ここでは、段落を変えて続く、つぎの文を導入するために措定されたかのようにみえます。

「そして、そのことが結局のところ、原発にいたるような深刻な病を〈東北〉にもたらしているこの事実を、わたしたちはまだ受け止めきれないでいる。[16]」

外部の読者は、この文を前にして、理解の困難を、まず、告白しなければならないでしょう。私はさしあたり、こんな回路で接近を試みています。「ケガチ」に生きる主体は、いま、原発事故に直面してこう自問せざるをえない。原発を受け入れたことがいまや明白な「過誤」だったことを認めるとしても、その一方で「わたしたち」は、この「過誤」が、原発から始まったわけではないことも知っている。しかし、「原発にいたるような深刻な病」に、それではいつ、どのように、冒されたのか、「わたしたち」はそれを言うことができない。深淵のように口を開けているこの問いに、「ケガチ」に生きること自体を否定しないような答えが見出されないかぎり、「わたしたち」は「事実」そのものを「受け止めきれない」――。

このような解釈が当を得ているかどうか、確信はありません。この一文に表れた混迷と絶望の性格を、もしかするとひどく取り違えているのではないかとおそれます。それでもなお、このエッセイの最後に、一転して語りへの不退転の意志を示す断言が見出されるとき、鋭く胸が震えるのを覚えます。そのとき、風土であり、心性であり、トラウマである「ケガチ」は、それと同時に、語ることの根拠ともされるのです。この意志の強度は、先の文の絶望の深度に、正確に対応しているでしょう。

「あの日、すさまじい津波から生還した人々は、自分たちは「一度死んだ」と、心のどこかで思っている。私の父もそうだと思う。死の淵から「再生」した語り部たちが、この〈感情島〉の頂きで、はじまりの物語を紡ぐだろう。ケガチの風土で生きてきた彼らは、語ることをけっして諦めない。そして、たくさんのひとたちが、その語りに耳を傾けること、傾け続けることを、心から、願っている。

ほんとうに、気の遠くなるような道のりになるのだから。」(17)

この呼びかけに応答する〈耳〉になるためには、私たちは、聞くこと、読むことの訓練を、みずからに、またたがいに、たえず課していかなければならないでしょう。この領域では、どんな表現も、実践も、本当の意味で適切な訓練なくしては否定的な結果しか生まないからです。大学という場がこのような訓練のために今後どんな貢献をなしうるか、この制度の、とりわけ人文学の将来は、おおきくそこにかかっているに違いありません。

私はこの夏学期のゼミで、二回発表を担当しました。そのうちの最初の回、六月一七日が、私自身の「津波の後の第一講」の日付だったと言ってもいいでしょう。山内さんの発表の翌日、大学のある国立市で「原発どうする！　たまウォーク」という名称の街頭行進が行われ、大学では「語り合おう震災と原発事故」と銘打ったティーチインが開かれた震災三ヶ月目の六月一一日を過ぎて、ようやく教室という場で、自分がなすべき作業がうっすら見えてきたということかも知れません。この間ゼミ生の多くが大学の外で、被災地のボランティア活動に携わり、さまざまなデモや交渉に足を運び、あるいはインターネットを通じて情報を発信するなど、それぞれの立場と判断で状況に関与していました。

　私がみずから設定した課題は災厄に応答する詩の言葉を思考すること、その力を推し量ることとでした。季村敏夫「いまだあらざりしもの」、辺見庸「神話的破壊とことば――さあ、新たな内部へ」「眼の海――わたしの死者たちに」（連作詩）、吉増剛造「静かな虚空《アオソラ》」が、この日、私が選んだ作品でした。このとき着手した作業をしかるべきかたちで展開するには、残された紙幅では足りません。その仕事は本論集の枠外で継続することを期して、ここではいくつかのモチーフを点描し、読解のスケッチを示すにとどめます。

　季村敏夫さんは一九九五年一月神戸で被災し、避難所での生活経験を、粘り強く詩の言葉に造形してきました。津波の被害の巨大さにもかかわらず、港湾地区ではタンクが炎上し、燃え上がった車列のなかでも多くの人々が亡くなった今回の三陸の震災を、単純に〈水の震災〉と呼ぶことはできません。しかし、長田区全域が火災のために灰燼に帰した神戸の震災は、関東大震災とならぶ、まぎれもない〈火の震災〉でした。冒頭、「惨事」「罰のごときもの」「祝祭」といった出来事のありがちな諸規定を相対化したのち、作者はこの出来事に、「かかる事態をむしろどこかで望んでいたのではないか」という内心の疑念を手がかりに、別の仕方で接近することを試みます。

あの日、これは旅なのだと、今の今までともにいた他者たる私達の側から放たれた他火なのだとさとった。私達から外部へあらわれでた炎が、私達自身を襲う。そのことが燦々と輝く太陽のもと、大いなるまなざしに包まれ繰り広げられたとしたら。「神」は私達の細部にまで覆いかぶさり、私もあなたも、今や神なのだという、信仰心の希薄なものには、なんとも不遜なおもいまで浮かぶのであった。(18)

隣人たちの死のあとに残された生の無意味を、詩の言葉はここで、あえてひとつの論理的梃子に変じ、出来事を引き受けるという危険な挙措を、あるぎりぎりのユーモアの発露を通して、超越と内在がもはや背馳しないような、ある倫理の水準に導いているようにみえます。

石巻出身の辺見庸さんは、今回の地震と津波によって故郷喪失を経験した人々のひとりです。少年の日、駅伝を走った海岸の道で、何の予感も抱かなかったことをもって、すでに「あやまち」だったと観じる辺見さんの眼には、いま「神話的破壊を叙述することば」を持たないことは、「さらに救いがたいあやまち」と映ります。[19] この認識から出発して精力的に書き継がれてきた一連の作品において、「ことば」はしばしば、津波にさらわれ、海底に運び去られた死者たちと、同じ位相に位置づけられます。

わたしの死者ひとりびとりの肺に
ことなる　それだけの歌をあてがえ
死者の脣ひとつひとつに
他とことなる　それだけしかないことばを吸わせよ
類化しない　統べない　かれやかのじょだけのことばを
百年かけて
海とその影から掬え

（「死者にことばをあてがえ」[20]）

もはやなき、帰らざる死者たちと、いまだなき、「きたるべきことば」は、海のなかで、ある逆説的なエロスによって通いあいます。他の作品（「眼のおくの海」）で、それが「繋辞《コプラ》のない」言葉と言われていることは、繋辞による連結＝交接《コピュレーション》による「類化」や統合にまつろわざる、絶対的な固有語の離散性を暗示しているように思われます。

吉増剛造さんの作品は、作中で明かされているように、雑誌『ユリイカ』（二〇一一年）一月号のジャン・ジュネ特集に依頼されて〆切に間に合わず放置されていた詩稿に、地震ののち、加筆し再構成をほどこして成立したものです。季村さんや辺見さんにみられる、まるで出来事がおのれのうちから出来したかのように受けとめるパトスからも、言葉の窮乏に対する失意からも遠く、しかし言葉はここで、辺見さんにおけると同様、水中に、海底に探し求められます。「言葉のありとあらゆるイマージュをかくまってこれを使うこと、なぜならこれらのイマージュは砂漠にあり、そこに探しに行かねばならないから。[21]」ジュネの遺作『恋する虜』の扉頁に掲げられたこの句は、最後の校正刷りの余白に手書きされていたものです。吉増さんはその前半のみを引用し変奏しつつ、ひそかに後半の「砂漠」を「海」に置き換え、海女のように——六代の人の世を生きてきたおばあさんのように——言葉の海深く下降して、現在が忘却した過去の被災の痕跡が、深く刻まれた言葉を引き上げてきたかのようです。たとえば、「鯨波」という言葉を——。

ソコガ、〃鯨波（とき＝時）ノ鯨波（時）〃仁、成ッ手、偉留、……野駄、野駄、……野駄……。MAR 21 2011 ——大震災から、とうとう、十日が立っていって、僅かな、儚ないような、手—指……（て、ゆび……）は、……に帰って来て、だって、帰るとこ加゛、もう、ないのだもん、……文（もじ）ヲ、水底（紙底）に

〈ミル〉……(22)

「鯨」という文字には、原義である巨大な海洋哺乳動物から転じて「巨大なもの」、さらには「凶悪なもの」という意味があります。「鯨波《げいは》」とは要するに津波のことであり、さらに津波の轟音から転じて「大勢の者が一斉に挙げる声」、すなわち「鬨の声《とき》」をも意味します。吉増さんはこの「鬨」をさらに「時」に転じることで、津波にある時間のイマージュを担わせようとしています。この詩的転位がどのようにして、どんな意味で、ある特異なレクイエムたりえているか、そのことについては、場をあらためて語りなおすことにしましょう。

私たちの夏学期のゼミは、このようにして、期せずしてさまざまなイディオム(固有語)との出会いの場になりました。それは、ときには脱原発運動のそれをも含む標準的な言説のありようからすれば、いずれもさしあたり周縁的な声ばかりです。これらの声は、三重の災厄を前にして、単純に技術的な解決も、政治的な解決も、もはや信じていません。しかし、この出来事を契機としてみずからの声を聞き届ける〈耳〉が開かれなければ、同様の、いっそう深刻な破局の反復が必至であることを知っています。

私たちの「津波の後の第一講」は、ひとつの声に担われることも、ひとつの時に完結することも、ひとつの場に集約されることもなく、さまざまな声が反響し、さまざまな時を呼び起こし、さまざまな場を開く、共鳴箱のようなものになるほかありませんでした。私たちのゼミはもともと閉じた場ではなく、ゼミ生と友人たち、さらにその友人たちのネットワークと接続していて、災厄のただなかにおけるこのネットワークの活動からたえず触発されていた以上、これはある意味で当然のことだったと考えるべきでしょう。

　山内明美さんの難渋をきわめた帰郷の旅には、家族の安否を確かめることのほかに、もうひとつ、大切な任務がありました。それは、旧日本軍性奴隷制の被害者として在日朝鮮人女性でただひとり、名乗り出て裁判を闘った女川在住の宋神道《ソン・シンド》[23]さんの消息をたずねることでした。宋さんは同居の犬を連れていくために避難のタイミングが遅れたことがかえってさいわいし、津波を逃れて避難所生活をしているところを、山内さんの友人の韓国人女性に発見されました[24]。

　この友人の言葉を、山内さんは書き留めています。

「宋さんの家には、船が突き刺さっていました。ほんとうに宋さんというひとは、生きる意志が強いひとなのだと思います」と彼女は言った。そして「わたしは韓国人として、仙台で暮らしています。震災のあと、オールジャパンと言われるたびに、自分がそこにいないことを感じます」と続けた[25]。

「あの津波のあと、宋さんをめぐって」「人知れず動いていた」「たくさんのひとたち」、「日本！　日本！」という合唱によってわが身を〈不協音〉のように感じさせられる痛みに耐えながら、なすべきことを全力で果たした人々のひとりの声を伝えることの言葉ほど、私たちの「津波の後の第一講」の結語、〈はじまり〉への結語にふさわしい言葉を、私は知りません。

註

（1）Marc Shell, *Children of the Earth*, Oxford University Press, 1993.〔マーク・シェル、『地球の子供たち』、荒木正純・村山敏勝・橘亜沙美訳、みすず書房、二〇〇二年〕

（2）映画『TOKYOアイヌ』のホームページは左記のURLを参照。
http://www.2kamuymintara.com/ilm/index.htm

（3）一九三三年、北海道浦河生まれ。詩人、古布絵作家。一九七二年より首都圏アイヌの連帯、権利獲得、文化復権運動を推進、東京ウタリ会の会長を務める。著書に『すべてを明日の糧として——今こそ、アイヌの知恵と勇気を』（清流出版、二〇一一年）、『宇梶静江　詩集——ヤイコイタㇰ　ひとりごと』（宇梶静江詩集刊行会、二〇一一年）など。

（4）この詩はのちにCD化された。『大地よ〜東日本大震災によせて』（詩・朗読　宇梶静江、歌　熊谷たみ子）。問い合わせ先・090-3231-9908（熊谷龍児）。関口裕士「震災　アイヌの心で詠む」（『北海道新聞』二〇一一年八月一〇日夕刊）参照。

（5）講演の活字化は星埜美智子さんにお願いしました。また宇梶静江さんには未刊行の講演録からの引用を快く許可していただきました。お二人に深く感謝します。
（6）「詩と私の人生」（インタビュー、二〇一一年九月一三日）、『宇梶静江詩集』、前掲、三五頁。
（7）宇梶静江『セミ神さまのお告げ』、福音館書店、二〇〇八年。
（8）中川裕『アイヌの物語世界』（平凡社ライブラリー、一九九七年）参照。津波に関係するアイヌ民話については、高清水康博「北海道における津波に関するアイヌの口碑伝説と記録」、『歴史地震』、二〇号、二〇〇五年、一八三—一九九頁。
（9）鵜飼哲「符牒とタブーに抗して——アナクロニー・過誤・不可能な正義」（『現代思想』二〇一一年七月臨時増刊号、「震災以後を生きるための50冊——〈3・11〉の思想のダイアグラム」所収、本書五一頁以下）参照。
（10）鵜飼哲「黒田喜夫の動物誌」、『応答する力』（青土社、二〇〇三年）所収。
（11）山内明美『こども東北学』イースト・プレス、二〇一一年。
（12）山内明美「南三陸〈感情島〉」、『インパクション』、一八〇号、二〇一一年六月、四二頁。
（13）『こども東北学』、前掲、一二二頁。
（14）Jacques Derrida, Voyous, Galilée, 2003, p. 148.〔ジャック・デリダ『ならず者たち』、鵜飼哲・高橋哲哉訳、みすず書房、二〇〇九年、二〇二—二〇三頁〕
（15）前掲「南三陸〈感情島〉」、四五頁。
（16）同前。
（17）同前。
（18）季村敏夫『日々の、すみか』（書肆山田、一九九六年）、三六頁。
（19）辺見庸「神話的破壊とことば——さあ、新たな内部へ」（『文藝春秋』二〇一一年五月号）、三〇六頁。

(20) 辺見庸「眼の海――わたしの死者たちに」(『文学界』二〇一一年六月号)二二頁。のちに辺見庸『眼の海』(毎日新聞社、二〇一一年)に収録。

(21) Jean Genet, Un captif amoureux, Gallimard, 1986, p. 7.〔ジャン・ジュネ『恋する虜』、鵜飼哲・海老坂武訳、人文書院、一九九四年、四頁〕

(22) 吉増剛造「静かな虚空――ジャン・ジュネ、三島由紀夫に捧げつつ、山口哲夫に」(『北方文学』六五号、二〇一一年、九二頁)。のちに吉増剛造『裸のメモ』(書肆山田、二〇一一年)に収録。

(23) 一九二二年、朝鮮の忠清南道に生まれる。一六歳のとき騙されて中国の武昌で慰安婦となることを強制される。戦後日本に渡り宮城県で生活。映画『オレの心は負けてない』(安海龍監督、二〇〇七年)、在日の慰安婦裁判を支える会編『オレの心は負けてない――在日朝鮮人「慰安婦」宋神道のたたかい』(樹花舎、二〇〇七年)参照。二〇一七年一二月一六日逝去。宋さんの救出の経緯については、「元慰安婦の宋さん無事」、『長崎新聞』二〇一一年三月二一日付け記事(共同通信、三月二〇日付け配信記事)を参照。ゼミの発表でこの記事を紹介してくださった李杏理さんに感謝します。

(24) 前掲「南三陸〈感情島〉」、四四頁。

符牒とタブーに抗して
――アナクロニー・過誤・不可能な正義

『現代思想』2011年7月臨時増刊「震災以後を生きるための50冊」

「春ともなれば」

三月一一日は詩人の金時鐘氏の高見順賞授賞式が予定されていました。スピーチをすることになっていましたので、気持ちを整え、出かける準備をしていたところに地震が起きました。電車が止まり、私は出かけられず、式は中止になりました。金時鐘氏は深夜会場のホテルに到着され、吉増剛造氏や佐々木幹郎氏が迎えられたということです。

一月後、四月一二日の『東京新聞』に、「春ともなれば」と題された金時鐘氏の文章が掲載されました。冒頭の一節に、次の言葉があります。

「ノアの洪水さながらの東日本大震災の惨事すらやがては記憶の底へと沈んでいって、またも春はこともなく例年通り巡っていくことであろう。記憶に染み入った言葉がない限り、記憶は単なる痕跡にすぎない」。

この言葉は、震災後の日本人の平均的な意識にとって、相当の抵抗を感じさせるものでしょう。しかしこれは、アジア・太平洋戦争の凄まじい加害と被害の経験を、日本人の大多数がどのように「消化」していったか、その過程を六〇年のあいだじっと観察してきた、在日朝鮮人詩人の言葉なのです。

私は〈3・11〉という日付が、ある種の政治的・思想的符牒になりつつあることに違和感を覚えています。この日付に充填しうる思想は多様でありえましょう。しかし、ある日付を分水嶺にして時代が変わった、歴史の頁がめくられたという認識自体は、対立する諸陣営を横断して共有されることになるでしょう。その段階ですでに排除される存在があり、その存在は、こうして画定された時代設定の内部における対立が激しければ激しいほど、それだけ深く不可視化され、忘却されることになるでしょう。一九四五年八月一五日、沖縄の人々は、すでに戦後二ヶ月目の時間を、多くの場合収容所で生きていました。

一九四五年八月一五日は、朝鮮民族にとっては解放の日でした。しかし、朝鮮に日本が強制した皇民化政策のために、当時皇国青年だった金時鐘さんは、同胞たちの喜びの輪に加わることができませんでした。時鐘さんにとって〈8・15〉は苦いアナクロニー（時間的断絶）を象徴する日付であり、この経験が、一九四〇年代末に日本に亡命したのち、在日朝鮮人の民族組織で活動しながら、日本的な「短歌的抒情」に抗して「もうひとつの日本語」を彫琢していった詩人の原点になりました。

「短歌的抒情」とは、さしあたり、自然の循環の中に政治的でもありうるさまざまな出来事を回収し、季節の風景のうちに無化していく、日本固有の文化的、文学的伝統と考えることができるでしょう。自然災害も、政治的事件も、この伝統のなかでは季節の感触にじかに刻印されることなく、やがて宿命として諦観され、受忍されてきたのです。フランスの一九六八年五月の出来事は「春」のただなかに刻印された記憶です。イタリアでも一九七〇年には「熱い秋」が語られました。一九六八年の「プラハの春」、そしてわれわれが目撃したばかりの「アラブの春」に匹敵するような「日本の春」はかつて生起したことがありません。日本で近現代史の政治的記憶が天候と一体となって民衆レベルで継承された事例は、敗戦の八月一五日の酷暑と、一九三六年二月二六日の大雪だけでしょう。

一方、「Twitter や携帯電話といった新しい通信技術にも触発されつつ、いま、新しい言葉、新しい表現が生まれつつあるようです。「〈3・11〉以降に発された言葉は空虚なものばかりだ」という言い方も散見されますが、これ自体ともすると常套句的に用いられることがあり、みずからの詩作に裏打ちされた金時鐘氏の言葉とは似て非なるもののように思えます。三月の後半、私は仕事のため東京を離れる時間が比較的多く、進行中の状況に直接かかわるような読書に割ける時間は乏しく、仕事をこなしながら北海道、関西、沖縄を転々としていました。テレビよりもインターネット、中央紙よりもそれぞれの地方の新聞を読み、出会う機会のあった人々の話に耳を傾け、とりわけ沖縄の山城見信氏のように、幼少期に戦争の時代を生きた世代のアーティストが、この事態に触れて語られる言葉に思考を触発されていました。

複数の名、複数の時間

「出来事」という概念が、循環的な時間を断ち切り、既存のいっさいの構造を破壊する、絶対的に予見不能な事態を意味するとすれば、〈3・11〉以後の事態を「出来事」と呼ぶことはできないでしょう。これは、同様の考え方からすれば、二〇〇一年九月一一日にアメリカ合州国の諸都市で起きた事態を「出来事」と呼べないのと同じです。地震も、津波も、原発事故も、これまで繰り返し起きてきました。反復的、周期的なこれらの事態が重なった場合どんな惨事が予想されるかも、これまで何人もの人が指摘してきました。

しかし、現在の状況にはまぎれもない独異的な性格（singularity）が刻まれているように思われます。それは、何度かの手直しののち国によって定着された「東日本大震災」という単一の呼称で名指される災害のうちに、あまりにも異なる時間性を生きている人々が、「同時に」存在していることにあるのではないでしょうか。状況のただなかにおける時間の分有不可能性が、これほど強く感じられたことはかつてなかったように思います。

宮城・岩手・福島という、地震と津波の被害をもっとも苛酷に受けた地域には、二ヶ月以上経ったいまも、「あの瞬間」で時間が止まってしまったままの人々がいます。福島県の南相馬市が一番深刻だと思いますが、津波の被害を受けた上に、原発事故による放射能の脅威に曝されている地域もあります。また、地震や津波の被害は比較的少なかったけれど、現在深刻な放射能の脅威に曝されている地域もあります。親族や友人、恋人や動物、家、職場、仕事道具、さらに衣服その他の日常品など、その人にとっての「世界」のすべてを失った人が、原発事故の今後予測される「最悪の事態」について話されるのを耳にしても、そのような言説はまったく意味を持たないでしょう。「最悪の事態」は、すでに起きてしまったのですから。

その一方で、福島第一原発の事故に規定された状況は、「終わらざる事故」の経験として、広域の人々の日常と溶け合っています。問題の所在は、ここでは、「放射能の脅威」という表現で集約されます。その脅威に曝されている人々の全体を、福島市、郡山市、いわき市、さらに原発に近い市町村在住の人々、避難所生活を強いられている人々、隣接する北関東諸県、さらには首都圏在住の人々まで含め、「被災者」という同じ言葉で呼ぼうとする思想的・運動的欲求も出てきています。そして、被害がいつ露わになるか不明な将来に対するかつてない不安が、とりわけ若い世代に、鋭敏に感じ取られてきています。その不安のなかから、次第に多くの青年たちが、生まれて初めて街頭行動に参加するという経験をしています。しかし、原発事故の衝撃によって初めてデモに参加した人と、地震・津波による喪失の前で、困難な喪の作業を担わざるをえない人は、さしあたり、きわめて異質な時間性のうちで生きていることを直視しなければなりません。

同じ状況のなかで、思考も情動も含め、存在のすべてが被災地に向かっている人々と、幼い子供がいるなどさまざまな関係性に規定されつつ、被災地から、さらには首都圏から、脱出する方向に牽引されている人々がいます。この矛盾した人の動きにはどちらにも必然性があり、どちらがより正しいとも言えません。この〈引き裂き〉は今回の出来事の本質そのものに属しているのであり、さらに言えば、この矛盾した力は、状況に囚われている誰もの心のうちで、陰に陽に作用しています。強烈な力で内的に分裂しているこのような状況を、一つの日付、例えば〈3・11〉で、一つの固有名、例えばカタカナ表記された「フクシマ」で、表すことが正しいかどうか。問いのこの入り口で、私は強い留保の気持ちを抱かざるをえません。これは、われわれにとって議論の前提であり、議論のさなかでも忘れてはならないことであり、現在の事態の基本的な構造でもあるでしょう。

『現代思想』（二〇一一年）五月号（特集＝東日本大震災）に掲載された東琢磨さんの論文は、山下文男著『津波てんでんこ――近代日本の津波史』を参照しつつ、「ヒロシマ4と命てんでんこのあいだで」と題されていました。「てんでんこ」とは、津波のときは家族や友人の絆に拘泥することなく、みなテンデンバラバラに逃げるほかないという、苛酷な経験知が託された三陸地方の言葉です。これはフランス語で言えば«sauve qui peut !»、つまり「逃げろ！（逃げられる者は逃げよ）」という表現に見合うものでしょう。ある意味で現在、思想的にも、運動的にも、「てんでんこ」と呼びうるような状況があります。各自が置かれている社会的立場や実存的な人間関係、他の生物との関係等によって、自分ひとりの孤独な選択をせざるをえないときがあります。逆に言えば、おそらく、そのときこそ本当に生きているのかも知れませんし、それこそが「不可能な正義の経験」なのかも知れません。

第二に、このところよく言われていることですが、一九九五年一月一七日の地震の後の「公式スローガン」が「がんばろう神戸」だったのに対し、なぜ今回は「がんばろう日本」なのでしょうか。また、当初「東北太平洋沖大地震」と言われた事態を「東日本大震災」と改名した動機は何だったのでしょうか。このような命名のポリティクスにはつねに、ある「中心」を設定する力が働いていると思います。

九五年に石橋克彦氏が書かれた文章（「自然の摂理に逆らわぬ文化を」、『世界』、一九九五年三月号）を読み直したのですが、「阪神大震災」という名称自体に非常に強い違和感を表明されています。神戸が主要な打撃を受けているのに、なぜ「阪」の字をつけなければならないのか。とりわけテレビやラジオでは、大阪の「阪」に強調が置かれているように思えてならないと。今回も同様です。北関東ばかりでなく、原発事故以後の東京の位置が視野に入ってこなければ、「東日本」という漠然たる広がりが呼称とされることはなかったでしょう。また「東北」という地域名が参照される場合にも、「福島」は「東北」のメトニミーたりえませんし、とりわけ「フクシマ」とカタカナ表記される場合、現在最も深刻な苦しみのなかにいる人々が、この言葉で指示されえないことを忘れてはならないでしょう。この六〇数年の反核運動史において、広島と長崎がカタカナ表記されるに至ったことが、当の被爆者自身の状況に、運動上、思想上、どんな肯定的変化をもたらしえたのかという根本的な問いが立てられないまま、「ヒロシマ」「ナガサキ」から「フクシマ」へと、やや安易なスローガン化が行われているような気がしてなりません。

「福島」という、県名でもあり市名でもある固有名を、カタカナ表記にして思想の符牒として用いることは、私はできる限り控えるべきだと思っています。このカタカナ化が、福島県内の、歴史的、地理的にさまざまな立場にある住民の間で、今後どのように受け止められうるか、可能な限り正確な調査を行い、繊細な想像を働かせる必要があるでしょう。これも前提的な注意ですが、ここがおろそかにされると、やがて深刻な問題に発展するおそれがあります。

災害経験の「等価性」

さらに言えば、今回の事態について「日本」を主語の位置に置いたり、問題の枠組みを設定する固有名として用いることにも慎重であるべきでしょう。

三月末に沖縄を訪れたとき、プエルトリコ研究の阿部小涼さんが私的な会話の場で指摘されたことですが、「関東大震災」や「阪神大震災」、そして三陸地方の一八九六年と一九三三年（さらには九世紀のいわゆる「貞観」地震まで！）の地震・津波被害の歴史をこのかん私たちが学んだことには否定しえない意義があるにしても、時と場所を隔てた災害間の比較が、基本的にナショナルなテリトリーという地理的枠組みの内部でしかなされていないことは批判的に再検討されるべきでしょう。昨年（二〇一〇年）一月はハイチで巨大な地震がありましたし、中国の四川大地震やインドネシアのスマトラ大地震も近年の出来事です。地震や大災害は世界各地で頻繁に起きています。

ハイチにおける植民地主義の継続、米仏の軍隊の介入、問題の多いNGOの活動、部分的、外見的な「復興」を通して拡大する階級格差、被災者の間に広がるコレラなどの伝染病の再来、地震に先立つ二〇〇四年、「解放の神学」派の大統領アリスティドが米国主導のクーデターによって失脚させられたことなどは、慎重な「翻訳」の試みを通して、三陸の被災地の近現代史との間に、とりわけ今回の震災・津波・原発事故を通して照射された地政学的力学（米軍の「トモダチ」作戦、自衛隊の投入、慎重に分析すべき複数のボランティアの論理、補償・賠償のポリティクス、漁業、農業、工業などの、これまで不可視化されていた現地の産業構造など）との間に、ガヤトリ・スピヴァクなら「サバルタン的集合性」と呼ぶかも知れない、ある「等価性」を浮かび上がらせる比較の対象たりうる事例でしょう。

地方への原発押し付けの構造と沖縄への米軍基地押し付けの構造の同型性はこの間ようやく認識されつつあります。そこにさらに、東アジア外部の比較の項を正確に参照することができるなら、資本の世界的システムと地域の民衆生活の非和解的な矛盾が決定的に確認されることになるでしょう。逆に言えば、ある時と場所で生じた災害の経験は、このような翻訳の労働を通してのみ、厳密な意味で「世界的」な思想課題に発展しうるのだと思います。さもなければ、「今後の世界的な知の方向性は日本のこの思想から」というタイプの、範例的単独主義の独善に陥りかねません。これまでも「唯一の被爆国」という観念の中に形式としてはあったものが、単に組み替えられるだけで終わってしまうでしょう。無神経で、野卑で、滑稽ですらある「がんばろう日本」的キャンペーンには多くの人が違和感を抱いていると思いますし、批判することも難しくないでしょう。にもかかわらず、思想の枠組みやその歴史的パースペクティヴが「日本」という固有名を軸に設定される限り、ナショナリズムの彼方で問題を立てることはできません。この点に関しては、どれほど注意深くとも十分ということはないでしょう。

「グスコーブドリのいないイーハトーブ」

震災以後、私がインターネットを通じて読むことのできた最初の政治的マニフェストは、『現代思想』五月号（同上）に山口素明氏が引用されていた、フリーター全般労組の「誰も殺すな——グスコーブドリのいないイーハトーブはいらない」（「誰も殺すな」）という文書でした。言うまでもなくここでは宮沢賢治の童話『グスコーブドリの伝記』が参照されています。しかし、「グスコーブドリのいないイーハトーブ」という表現が何を意味するのか、一読して明瞭ではありません。この曖昧さが、私の場合、むしろ深い印象を残しました。

『グスコーブドリの伝記』は冷害の中で孤児となった東北地方の農民の子グスコーブドリが偶然のきっかけから自然科学を学び、火山の噴火予知ができるようになるという物語です。火山が噴火する直前、自分が犠牲になればその噴火を阻止できると確信して主人公は火口に身を投げます。この人物形象は、原発事故以降、地震学者や原発学者と原発労働者を一身に兼ね合わせたような、その「ありえなさ」自体によって現実を浮き彫りにする新たな力を獲得したと言えるかも知れません。グスコーブドリが自発的とされる死を死ななければならない、そのことによって初めてもたらされる村落の平和と幸福がこの童話の結末です。「グスコーブドリのいないイーハトーブはいらない」というこの二重否定のタイトルには、この童話にはらまれたある種の供犠の思想と科学信仰に対する批判的意志が表現されているという風に私は読みました。

原発事故発生後の早い時点でこのマニフェストが出たことの意味は大きいと思いま

す。というのも、その後賢治のいくつかの作品、特に「雨ニモマケズ」が、復興イデオロギーの煽動の中で濫用されているからです。何週間か後、カーラジオで聞いた被災地の避難所にいる方からのメッセージのなかで、「雨ニモマケズ／風ニモマケズ」に続いて「津波ニモマケズ」という言葉を耳にしたときには、さすがに複雑な気持ちになりました。賢治の「マケズ」は、地震にも、津波にも、原発にも……と繋がるような言葉なのでしょうか。賢治の童話は、第二次世界戦争以後の日本の大衆思想を規定してきただけに、ここには重大な問題が含まれています。フランスで行われたチャリティ・コンサートでも、在仏の建築家が、被災地のことを知ってもらいたいという善意から、「雨ニモマケズ」を朗読したそうです。俳優の渡辺謙も、この詩を至るところで朗読していますね。ご存知のように賢治生誕一〇〇年の際、『批評空間』を中心として、賢治批判のキャンペーンが組織されたことがありました。当時指摘されていた問題と今の賢治詩の濫用の間には、明らかに通底する点があります。この論点をめぐっては、今後慎重な再検討が求められるでしょう。

また原発に関しては、手塚治虫の『鉄腕アトム』があらゆるPR館で使われています。そのテーマソングの作詞は谷川俊太郎です。「心優しい科学の子」というのは彼の言葉です。この言葉が転義においてではなく原義において、「原子力の平和利用」、すなわち「原発開発」を意味していたことはいまや明らかでしょう。賢治から俊太郎に至る「国民」詩人たちの言葉が、文明の破壊的な作用に対して十分批判的ではなかったのではないかという指摘も出てくるでしょう。ただし私は、だからといって彼らの表現を単純否定して済まそうとするのは生産的な思想の手続きではないと考えています。フリーター全般労組のマニフェストのタイトルの二重否定を転倒すれば、「グスコーブドリがいるイーハトーブ」への希求が現れるでしょう。それは、頭脳労働と肉体労働の矛盾を超えた存在としてのグスコーブドリが生きられる世界への希求です。このマニフェストのテクストの襞には、私たちが今後取り組むべき課題の多くが、すでに圧縮されて表現されているのではないでしょうか。

「大地よ」

私は震災前から、映画『TOKYOアイヌ』（森谷博監督、二〇一〇年）の国立市での上映計画に参加していました。それとともに、映画の主要な登場人物の一人でアイヌ民族の権利獲得運動を長年担われてきた、古布絵作家の宇梶静江氏の講演会も準備していました。準備の過程で、宇梶氏が震災と津波から八日後に書かれた「大地よ」という詩が、私たちに伝えられました。

大地よ／重たかったか／痛かったか／あなたについて／もっと深く気づいて、敬って／その重さや痛さを／知るすべを／持つべきであった／多くの民が／あなたの重さや痛みと共に／波に消えて／そして大地に／還っていった／その痛みに今／私たち残された多くの民が／しっかりと気づき／畏敬の念をもって手を合わす

（二〇一一・三・一九、AM二・〇〇、アイヌ　宇梶静江　七八歳）

この詩は、震災以降の支配的メディアの言説環境においては、おそらく公表困難なものだと思います。実際、講演のなかで宇梶氏は、この詩を読んだ日本人の友人から、「アイヌの人はこういう災害の中でも亡くなった人より大地のほうに先に気持ちが向くんだね」と言われたと明かされました。宇梶氏の詩は、災害そのものとどう向き合うのかという根本のところで、今の列島社会で自明視されているある種のヒューマニズムの枠を超過しています。アイヌ民族の自然観には、自然現象もすべて「カムイ」であり、ある意味で人間と相互に交渉可能なものだという考え方があります。「ユーカラのアイヌ語で描写される自然の表情はきわめて人間的であり、「そこでは風も、木も、草ももはや単なる非情ではなく、人間と同様に行動する動物である」（知里真志保『和人は船を食う』）」（天草季紅「自然と人間のうた——アイヌ民族の世界より」、『東京新聞』、二〇一一年四月二〇日夕刊）。この世界観の中では、天災と人災の間に截然たる区別はありません。現在日本国家や東京電力の責任を現行法の精神の枠内で追及するために、われわれ自身がすすんで引き受けなければならない二分法の、まさに外からやってきた言葉でしょう。

ここは実に難しいところですが、私は今後の思想的課題の一つはここにあると考えています。先ほど述べたように、全く異なる時間性を生きている人々が、単一とされる状況のうちに結集されている。このアナクロニーを思想的にどのように担うべきか、私には今のところわかりません。ひとつひとつの言葉に聴従しつつ、としか言えないのですが、ひとつは、天災と人災という区分を信頼して問題を立てることの限界が、この事態のなかで抗いがたく露呈しているように思えてなりません。

宇梶氏の言葉は、私たちの側に、原発事故以前に、地震と津波との関係において、避けることができたはずのひとつの過誤があったことを示唆しています。この示唆は、宇梶氏の場合、アイヌの民族文化がより生き生きと伝承されていれば、「大地」の表情の変化に、事前に、正しく気づくことができ、交渉もありえたはずだという確信かららなされています。それに対し、辺見庸氏の場合、私たちの過誤の有無を問う言葉は、不可避的に反芻的、反問的になります。しかし、辺見氏が意を決したように次のように述べるとき、氏の表現が宇梶氏のそれと交差するのは、おそらく偶然ではないでしょう。

「しおさいだ。はるかな耳なりみたいなその端緒から想像をふくらましていくことができなかった。ことばをうちたてていくことができなかった。しおさいはいつも予感をはこんできた。しおさいは兆しをはこびながら、みずからふくらみつづけ、ときに海鳴りになって警告しもした。もっと畏れるべきであった。畏怖すべきであった。ひとは超えられるだけで、ひとが超ええないものもあること、それはなにも不当なのではなく、われらの事理を超えたさらに巨きな宇宙的なことわりであることを、わたしは駅伝をはしりながら予感すべきではなかったか。予感できなかったこと、それを過誤とはよべないか。落ち度とはいえないか。このたびの破壊の一面はおそらく数値化のまったく不可能な、およそ限度というもののない、いうならば神話的なまでの破壊なのであり暴力であった。それを予感しえなかったこと、措定しえなかったことをあやまちとよぶなら、いま、わたしたちがこれだけの神話的な破壊を叙述することばをさっぱりもちあわせていないことは、さらに救いがたいあやまちであるにちがいない。畏れを畏れとして表すことば、わたしたちはそうしたことばを用意していなかった。深々としたことばをそなえようとしなかった。放射能が怖いのは数値だけがあって、ひととして危機の奥行をあらわすことばをもちあわせていないからだ。」

（「神話的破壊とことば――さあ、新たな内部へ」、『文藝春秋』、二〇一一年五月特別号）

ここでもう一度、最初に触れた金時鐘氏の言葉に戻ります。「記憶に沁み入った言葉がないかぎり、記憶は単なる痕跡にすぎない。」私には、この事態を前にした、金時鐘氏、宇梶静江氏、辺見庸氏の言葉が、列島の文化の、ある同じ痛点に触れているように思われてなりません。それと同時に、天災と人災の二分法の外部で思考し表現する必要もまた、強く示唆する点で共通しているように思えます。

アラブの春から福島原発へ

ところで二〇一一年前半の二つの大きな出来事として、日本の複合災害とアラブ世界の革命の関連を押さえなければなりません。昨年（二〇一〇年）の一二月から今年（二〇一一年）の二月の末までは、後者をめぐって思考を鍛えることが大きな課題でした。それが〈3・11〉からある意味で世界的にも舞台転換が生じます。欧米のメディアは、本当は見たくないチュニジア・エジプトの革命的民衆運動から一見非政治的な「フクシマ」に移れたこと、そしてまもなく今度は、旧来のアラブ像に単純回帰したかのようなリビア情勢に移れたことを明らかに歓迎していました。フランスの場合、報道はいまや、ドミニク・ストロース＝カーンのニューヨークでの事件一色です。「フクシマ」はまるで遠い昔のことのようです。ゴダールの古典的定式通り、ひとつのイメージはたちまち他のイメージに駆逐される定めにあることがあらためて確認されたのです。

もちろんそのこと自体が大問題ですが、いずれにせよ、〈3・11〉以後が〈9・11〉以後と同様の普遍的な思想的課題たりうると考えている人は、世界大の視野で見渡すならば、ある限定されたコミュニティのなかにしか存在しません。日本の内部に限っても、関西在住の人々の間では、一九九五年の地震の経験から、真剣な思想的・文学的試行が継続されてきました。例えば細見和之氏はこの経験から「出来事の言語」という概念を引き出し、彼のベンヤミン論に活かしていますし（『ベンヤミン「言語一般および人間の言語について」を読む』、岩波書店、二〇〇九年）、『日々の、すみか』（書肆山田、一九九六年）以来の季村敏夫氏の詩業も凄絶です。〈3・11〉以後は、関西ではある意味で一九九五年一月一七日から始まっていたのです。

もう一つ、日本では原発関係の本はたくさんあります。それに対してフランスは、現在世界で最悪の原発大国ですが、原発問題に関してまとまった本がほとんどありません。このこと自体、様々な事柄を意味していると思います。一九七〇年、日本では大阪万博が開かれ、このとき美浜原発一号機が初稼働して電気を送り、会場で「未来のエネルギー」が点灯します。その当時、フランスにはまだ原発政策らしきものはほとんどありませんでした。七三年一〇月の第四次中東戦争と、それにともなうアラブ諸国の石油戦略を経て、初めて本格的な原発計画が構想されることになります。もう少し遡ると、一九六九年にリビアで反王制革命が起き、やがて当時二〇代のカダフィ大佐が権力を掌握し、一気にリビア産の石油の価格を上げました。これが歴史上、石油の国有化と値上げという戦略がアラブ世界に広まっていく最初のきっかけになったわけです。

オイルショックに直面したフランスは、きわめて政治的に、石油に依存するエネルギー政策はもはや不可能と判断し、体系的な原発推進政策を上から決定します。ヨーロッパの反原発運動の高揚期は七七、七八年頃に訪れます。この年ドイツでは、ライン河畔のウィール原発建設に対する反対闘争があり、それは運動文化的には当時われわれが関わった三里塚空港反対闘争と同じような性質を持っていました。ドイツの反原発運動はこのとき、原発建設現場の占拠闘争に発展し、それはドイツの文脈では成功を収めました。ただちに脱原発には行きつかなかったものの、脱原発の理念は世論の中に次第に大きな力を持ち、緑の党の発展に繋がっていきます。フランスでは七七年夏、ローヌ河畔のクレイ＝マルヴィルの高速増殖炉建設予定地で同様の闘争がありました。このときは爆弾闘争を試みるグループもあり、建設現場占拠を志向する実力闘争派も多数存在しました。しかし、この闘争は失敗に終わり、以後フランスの反原発運動は退潮期を迎えます。

いずれにせよ、欧米諸国における一九七〇年代以降の原発政策の推進は、アラブ世界に対して西洋世界が全体として、一九世紀以来植民地主義的態度を取り続けてきたことと不可分です。独立した産油国が石油を国有化し、自分たちで価格をコントロールしようとしたのはきわめて当然のことです。しかし、そうなると、アラブ諸国の意向に自国のエネルギー政策が左右されることになる。それは欧米諸国、とりわけフランスにとって甘受できないことであったがゆえに原子力のほうに舵を切った。要するに、「アラブの春」と福島原発事故は、実は歴史的に太い糸で繋がっているのです。

日本でもオイルショックと高度経済成長の終焉とともに、原発建設は加速していきます。

原発問題はこのように、単純なエネルギー政策ではなく、世界の地政学的な要因によってつねに方向づけられてきました。日本における導入のきっかけも、一九五四年の第五福竜丸事件以降の反米世論の高揚に対する恐怖から、CIAと読売新聞＝日本テレビが結託して「原子力平和利用」キャンペーンを開始したことにあります。アラブ世界の民主化闘争と日本の脱原発運動との間に、歴史的なリンクが厳然と存在することを見定めなければなりません。この認識は、（二〇一一年）四月一〇日に高円寺に結集した若者たちの、「われわれのタハリール広場を求めて」というパトスのうちに、即時的にはつかまれていたと思います。

原発をめぐる「人間であることの恥」

私はチェルノブイリ原発事故のとき日本にいなかったこともあって、原発をめぐる当時の思想・運動状況はよくわかりません。一九八八年には二万人の集会があったと言われます。このかんも高円寺と渋谷で、それぞれ一万五〇〇〇人規模のデモがありましたが、八八年の日本で二万人というのは大変な運動だったのだろうと思います。

それより一〇年前、私の学生時代には、反原発闘争は反公害運動の重要な一環であり、地域闘争の大きな課題でした。関西にいたこともあり、愛媛県の伊方原発の反対運動には注目していて、集会や学習会にも参加しましたし、現地闘争に参加したこともあります。伊方では初めて住民による行政訴訟が行われました。七八年に敗訴しますが、それでも国側の論理に対抗して住民が原告となって闘った、原発建設に関する裁判闘争の嚆矢となりました。

今度の事故で私が衝撃を受けたことのひとつは、三〇年前に伊方原発行政訴訟に関する勉強会で指摘されていたような原発の危険性が、いままでなにひとつ克服されてこなかったということです。三〇年間、毎年膨大な金を費やしたにもかかわらず。今若い研究者のあいだで、原発推進派と反対派を二項対立のように表象する例がみられます。しかし、私の見方は全く違っています。基本的に脱原発派は原発と闘っている、あるいは原発事故と闘っているのであって、原発推進派と闘っているのではありません。今回被災された人の中にも富岡町の石丸小四郎氏のように、現地で反原発運動を長年闘われてきた方がいます。今石丸氏の気持ちを占めているのは苦い敗北感なのです。「事故発生後、知り合いから「あんたは反対運動してきたから「それみたことか」と思ってるべ」と言われる。「けれどそうじゃない。四〇年も反対して止められず、こんなことになってしまった。ものすごく無力感にさいなまれている」」（『東京新聞』、二〇一一年四月一日）。「今こそ脱原発を」という言葉とはやや裏腹に、一貫して反原発運動を担ってきた人たちにとっては、今回の事故は起きてはならないことだったのです。反原発運動にとっては、原発が新しく建設されることも敗北だけれども、事故が起きることも敗北なのです。鎌田慧さんのような、原発立地を歩いて多くのルポルタージュ（『日本の原発危険地帯』他）を書かれた方も、戦争が起きてしまった後、「自分は反対した」と言うことが無意味なのと同様の虚脱感を抱えていると言われています。脱原発運動の有効性は、逆説的なことですが、推進派に事故を起こさせないよう注意を喚起することも含めての闘争なのです。しかし、日本でそれは「失敗」しました。

導入の契機が冷戦期の東西対立だったがために、日本の推進派は、脱原発派の仕事や主張を、「アカ」狩りの図式に即して斥けることばかり考えてきました。そのため、反対派の学者の研究から学ぶという姿勢をまったく持ち合わせませんでした。その結果が現在の惨状です。そして、物理的にも、精神的にも、この悲惨の内部に、私たちは幽閉されているのです。

このときどうしても思い出されるのは、プリーモ・レーヴィが語り（『溺れるものと救われるもの』）、ドゥルーズがそこに哲学的思索の駆動力を見ていた、「人間であることの恥」のことです（『記号と事件』）。収容所でのナチの振舞いについて、彼ら自身が恥ずべき存在であるという以上に、人間があのように振舞えるということが、むしろ被害者の側に「人間であることの恥」を感じさせるというのと類似した状況に、もしかすると今、私たちは置かれているのかも知れません。

自らを抹消する痕跡の前での正義の問い

文部科学省が福島県の公立学校に、放射線量年間二〇ミリシーベルト以内という法外な基準を適用したことには、他の多くの人々と同様、私も暗い衝撃を受けました。ここには底知れないシニシズムが感じられます。というのも、たとえ将来障害が発生したとしても、因果関係を証明することは非常に困難だからです。甲状腺ガンと一定の時期に集中的に内部被曝したことの間に因果関係を証明することは難しい。現在食品衛生のほうでは「トレーサビリティ(traceability)」ということが称えられています。『生存権？』(*Le droit à la vie?* Seuil, 2010)の著者アラン・ブロッサ(Alain Brossat)によれば、この概念は生権力に一つの重要な梃子を提供するものです。食品中にどんな物質が含まれていたか、可能な限り追跡する方向に安全権力は作用している。しかし、放射能に関しては、「トレーサブル」ではありえない。

ということは、今からすでに予測される将来の訴訟において、追跡不可能な痕跡を前にした正義が求められているとは言えないでしょうか。将来そのような裁判が提起されたとき、現在のこの局面を生きるわれわれの全員が、原告のための証人にならなければならないのではないでしょうか。現行の法制度では、挙証責任はつねに被害者の側にあるのですから。福島大学の教員有志が大学当局に提出した質問状には、この点についての憂慮がはっきり表明されています。「福島大学において晩発性の問題が発生しなかったという挙証責任を、誰がどのような形で立証するのか説明してください（私たちは、被害者が立証しろというのは、あまりにも無責任な態度であると考えております）」（「「授業再開」についての公開質問状」、二〇一一年五月六日）。

難民申請にせよ、慰安婦裁判にせよ、他の戦争責任裁判にせよ、挙証責任をつねに被害者の側に負わせることでできあがっている現行法制度そのものを、緊急に変革しなければなりません。自らを抹消する痕跡の前での正義の問い、この問いは、これまでにもまして、われわれの来たるべき闘争の焦点たらざるをえないだろうと推測されます。

最後に、私は以前から『東京新聞』を講読してきましたが、震災以後この新聞は、『読売』『朝日』の主要二紙と比較して、原発事故にせよ、被災地の状況にせよ、抜きん出て優れた仕事をしていると思います。しかし、これだけよい仕事をしている新聞だけに、ここでもなお取り上げられない問題が、天皇にまつわる事柄であることは黙過できません。このかんの皇室・皇族の被災地や避難所訪問の動きについて、現在まで批判的な論調は、支配的メディアからはほぼ完全にシャットアウトされています。そのことと、在日外国人のこの状況下での位置づけが、どうしても不十分になりがちなことは、明らかに通底しているでしょう。高校無償化政策からの朝鮮学校の排除も、文科省は震災を口実に、ますます強硬に正当化しようとしています。郡山市の朝鮮初級中級学校には、文科省から線量計が配布されませんでした。仕方なく隣の学校に借りに行き測定されたそうです。長い討議の結果、新潟朝鮮初級中級学校に、全生徒が集団疎開することになりました（『朝鮮新報』ウェブ版、二〇一一年五月三〇日）。天皇制のソフトなタブーが支障なく機能する社会で、朝鮮人の民族教育は依然否定されています。最初に触れた金時鐘氏の、日本人の記憶に関する根深い不信は、このような現実に照らして、なお確かな根拠があると思わざるをえません。

〈フクシマ〉以後に〈ヒロシマ〉を（再）発見すること

2014年9月26日＠パリ第7大学

最初にこの大変多忙な新学期の始まりに、「核とその批判――チェルノブイリからフクシマへ」と銘打った今回の出会いの場を準備する労を取ってくださったポール・ジョバンさんに心から感謝します。この場は、私見では、学問的および社会－政治的な面において、私たち全員にとって特別な重要性を持っています。日本における原子力発電所の労働状況に関するポール・ジョバンさんのお仕事は、私は最近になって発見したのですが、すでに日本語訳もあり、このテーマについてこれまで読んできたものの中でも最良の仕事の一つです。そのテーマはしかしながら、これから見ていくように、長いあいだ原発に反対する日本の運動の主要な関心事となってきたものでもあります。後ほどこのことが、当時の、そして今日の日本の異議申し立て運動にとって意味したこと、いまも意味していることについて、若干お話ししたいと思います。

またこの研究会で発言できることは私にとって大きな喜びです。この日は、そうあることを願うのですが、来るべき集団的な仕事の幕開けに似たものとなるはずのものです。それはまず知的かつ道徳的な仕事ですが、同時に最初から国際的あるいは世界市民的な次元をも持たなくてはならないでしょう。その中でも最近出版された二つの注目すべき著作、セジン・トプシュさんの『核エネルギー大国フランス』とジャン＝ジャック・デルフールさんの『核という条件』は、それぞれの仕方で、その必要性を十分に証しています。この二つの範例的な著作に敬意を表するとともに、この機会を通じてそれらの著者たちと知り合えることを嬉しく思います。実を言えば、これほど早く出会いの機会に恵まれるとは想像していませんでした。この加速自体が、私たちが取り組んでいる問題のアクチュアリティについて何事かを意味しているように思われます。

この研究会の枠組みのなかで、ここでの私の関心事の射程が非常に限定されたものであることは言うまでもありません。したがって、私の発言は、核という領域における日本の運動と論争の歴史についてのいくつかの証言を通じて、今日の反核運動の全体的な動向に関する若干の考察をお伝えするだけにとどまるでしょう。その運動の規模の大きさは周知の理由から否定しがたいにもかかわらず、日本列島に原子力発電所が増殖することも、また二〇一一年三月一二日から一四日にかけて巨大地震と津波に続いた重大な惨事、すなわち今日では「フクシマ」という名において象徴化されている惨事が起きることも、防ぐことはできませんでした。

私の証言は、相対的に異なる二つの秩序に属しています。最初のものは、その性質上どちらかといえば個人的なもので、私の人生に起きたいくつかの偶然に依るものです。次のものは、ある地政学的および歴史的な文脈に含み込まれた私の人生経験に関するものです。この後者の証言は、日本の社会運動の歴史における一つの世代を、いくぶんか代表するものとしてお届けしたいと思います。

まずは個人的なエピソードから。私は一九七九年三月二八日、ニューヨークにいました。スリーマイル島の事故があったとき、私の父はそこで五年前から働いていて、私は母とともに彼を訪ねていたのです。次に、一九八六年四月二六日、私はパリにいました。その時私は二年前から研究のためにそこに住んでいて、チェルノブイリの事故を知ったのも、従ってフランスの国境で不可解にも停止した汚染された「雲」という、あの有名な問題を知ったのもパリでのことでした。最後に、私は東京の自宅にいました、二〇一一年三月一二日に……。以前の経験のおかげで、私は出来事の深刻さを直感的に評価することができました。レベル6か7、数字が既に頭に浮かんでいました。これらの事故のいずれも間近で経験したわけではありませんが、にもかかわらず、私の人生は核の惨事の回帰によって区切られてきたと思わざるをえません。また同じ悲劇の次の幕を予想しないわけにはいきません。私はすでに、それが間もないことを半ば確信しています。

しかし言うまでもなく、私の人生に最も深い痕跡を残した経験は、私が体験し続けている、二〇一一年三月に起きた三重の大災害に続いたものです。地震、津波、そして原発事故は、無慈悲な論理的かつ時系列的連鎖に従って私たちに到来しましたが、そのことは、それぞれの災害がそれ固有の性質を持ち、私たちに非常に異なる、時に矛盾した責務を与えることを妨げませんでした。一九九五年に起きた阪神淡路大震災の際、駆けつけるべき方向は単純でした。それは求心的なものでした。被災者たちを助けに行きたい人々はみな、被災地へとまっすぐに向かいました。そしてまた、この救助活動の構造は、基本的に一国的なものでした。

二〇一一年三月に東北で起きた地震の場合はまったくこのようにはいきませんでした。それは、言葉の強い意味で一つのパニックでした。津波が広大な地域を破壊し、波のなかへ万を超える数の人々の命を奪い去ったというのに、福島第一原発の事故は、地域住民のなかに遠心的な動きをもたらし、ボランティアの人々が被災地にアクセスすることを不可能にしました。しかしそこには、生き残り、緊急の支援を必要とする人々が残っていたのです。こうした状況下で、救助活動は主として一国的および国際的な軍事組織に委ねられました。確かに日本の警察と自衛隊は先頭にいましたが、しかし米軍もまたそこで彼らと活発に協力していました。人々はある意味で国家の起源に立ち会っているように感じていました。国家の第一の役割、それはまた世界のこの地域における国家というものの権威の源泉でもあるわけですが、それは水を支配することです。ただし今回は、国家は水だけではなく、本質的に制御不可能なもの、すなわち放射能にも直面していたのです。

今回放射能は、社会のただ中に、家族、学校、会社、社会運動、政治団体、等々、そのあらゆるレベルで残酷な分裂を引き起こす性質を持っていることが証明されました。そして原発に反対する市民運動は、「放射性物質」のこの性質自体に起因する内部対立にも脅かされています。例えば次のような論争に直面したとき、どの陣営につけばよいでしょう。まったく非人間的な状況下で原発事故の収束労働に従事する労働者たちによって生きられている現実の証人となるために、福島の現場に向かうことを決断した活動家たちと、首都の生活の安全についての政府のプロパガンダの共犯者とならないために、既に深刻に汚染された東京を放棄するよう呼びかける他の活動家たちとを対立させるような論争において？　これら両極の、とはいえ私の考えではどちらも必然性のある立場の間で、多くの人々は毎週金曜日に首相官邸前に集まり、政府の原発政策の変更を要求し、東京でデモを定期的に組織する運動を続けています。しかしながら、複数の政治潮流が合流した運動の指導層は、本質的な諸問題について、明確な一つのビジョンを持つことがなかなかできていません。原発再稼働への反対運動と、福島に住み続ける住民および避難の道を選んで列島の別な場所で生活している住民に対する支援の組織化を、社会運動として調和させる作業は、実現からほど遠い状態にあります。

以上が、大変駆け足ではありますが、非常にかんばしくない前線からの便りです。ここで、市民による原発に対する異議申し立て運動が登場した七〇年代へと時間を遡りましょう。歴史的な展望を開くことが必要であると私が考えるのは、今日私たちが民衆運動のただ中で直面している諸問題が、二〇一一年三月に生まれたのではなく、たとえそれらが日本の左派の全国的構造の周縁に位置する活動的な少数派の関心事にとどまっていたとしても、はるか以前から存在してきたからです。

核兵器と原発は同じ技術に基づく二つの分野に他ならず、最終的には人類に対して同一の諸問題を投げかけます。反核の立場は、したがって、軍事利用と民生利用という二分法を系統的に利用して全世界に真相の真逆の表象を強いる国際原子力ロビーに対して、唯一にして同一の戦線を構成しなくてはならないはずです。この根本的な理論的確認事項は、ジャン＝ジャック・デルフールさんがとくに強調されているものですが、私もそれを全面的に共有しますし、それこそが私の若い頃からの信念にほかなりません。にもかかわらず、そしてこれが古参活動家の証言なのですが、実践面においては、核兵器と原発に同時に反対する「同一の闘争」を組織することは、かつてきわめて困難な責務であったし、今もそうあり続けているのです。核兵器に反対する「歴史的かつ公式の」組織が複数存在する日本においてさえも。あるいはおそらく、とりわけ日本においてこそ。

原発の建設に反対する運動は、七〇年代初頭、学生反乱の余波のなかで発展しましたが、それはとりわけ当時の主要な二つの大義、すなわちほぼいたるところで展開されていた公害への批判と、成田空港建設反対運動との緊密な結びつきにおいてでした。

水俣は日本の南西に位置する港湾都市で漁師たちの共同体が存在してきましたが、窒素肥料の製造企業が漏出させた水銀によって海が深刻に汚染され、多くの被害者を出すことになりました。そしてその名は近代産業そのものの根本的な問い直しの象徴となりました。原発の建設計画は当時、「石油文明」の強要の後に来た凶暴な経済発展の新段階と見なされていました。フランスあるいは他の地域とまったく同様に、原発建設に反対する複数の運動は、場所によってまったく異なる政治＝イデオロギー的な構成を持っていましたが、常に地域レベルにおいて闘われ、強い地方主義的色彩を帯びていました。一言で言うと、その時代の反原発運動は、「ヒロシマ」と「ナガサキ」という名以上に、むしろ「ミナマタ」と「ナリタ」という名に結びついていたのです。更に言うと、各地域の原発反対派の人々が互いに出合い最初の全国規模のネットワークを形成することができたのは、成田に常駐する現場闘争の活動家たちの共同体においてでした。この成田空港反対の闘いは、当時世界的によく知られていました。私が思い起こすのは、一九七八年の著作『民衆防衛とエコロジー闘争』においてポール・ヴィリリオが、速度と日常の軍事化に反対する闘いという観点から、スーパーフェニックスの建設に反対する同時代のフランスの運動と対比して、一度は空港の開港阻止に成功したこの日本の運動のラディカリズムが占める位置を考察していたことです。

七〇年代の間、いくつかの地域で一群の発電所がひとたび建設され稼働したのち、反原発派の諸グループは、重大な事故が起きる前にそれらの稼働を停止させることを目的としました。そのために、原子炉はその「通常」運転の間でさえも周囲に放射性物質を拡散していることを示そうと努め、原子炉の周囲にそのために植えたいくつかの花を利用しました。それらの花の色は、放射能の程度に応じて変化する可能性があるからです。

発電所内の労働状況もまた、当時の活動家たちの主要な関心事の一つでした。下請け労働の構造はフランスよりも日本においていち早く発展し、発電所内の労働者の雇用にはすでに合法性ぎりぎりのところでやくざたちの組織が深く関与していました。八〇年代の西ドイツにおいて原発に潜入するためにトルコ人移民に扮したドイツ人作家、ギュンター・ヴァルラフのように、幾人かの勇敢なジャーナリストたちは、福島第一を含む複数の原発で何ヶ月か働いたのちに驚くべきルポルタージュを書き、そこで日常的に起きていることを暴露しました。一九八六年の森崎東による映画『生きてるうちが花なのよ死んだらそれまでよ党宣言』では、沖縄から来た一人の男性が、彼の生まれた島で米軍基地に反対するいわゆる「コザ暴動」に参加したのち、原発を渡り歩きながら、日本各地を放浪して生きる様が描かれています。沖縄が日本に「復帰」した一九七二年の何年かのち、その地から多くの人々が、その危険性がいかなるものであれ高収入の仕事を求めて「本土」へ移住しました。そして共同体レベルでのこの経済的必要は、日本における原発の普及の始まりと、時を同じくしていたのです。

これらのどちらかといえば周縁的な運動の構造が、多かれ少なかれ制度化された原水爆反対運動のそれと、どれほどつながりが薄かったかがお分かりになるでしょう。後者は国民的な大義とみなされていました。また次のことも理解されると思います。ラディカルな活動家たちの間では、惨事と事故という主題系は、必ずしも決定的なものとみなされていませんでした。当時はこう考えられていました、発電所内における労働条件がどれほど非人間的で堪え難いものであるかを確認しさえすれば、原発を決定的に否定する理由として十分であると。事故の可能性を考慮することは余計であるばかりか、最悪の場合、私たちのブルジョワ社会における階級闘争の現実を覆い隠しかねないと……。

もちろん、スリーマイル島事故の後、そしてとりわけチェルノブイリ事故の後では、こうしたイデオロギー的な枠組みのすべては著しく変化しました。すさまじい大損害を与える事故は起きてしまいましたし、それはますます深刻な仕方で、ますます加速されたリズムで起きています。事故の可能性を小さな問題とみなすことはもはや問題になりません。とはいえ私たちが少なくとも心に留めておかねばならないことは、核の問題はその本質において惨事の問題には還元不可能であるということです。そしてまた、そもそも三〇年足らずの間におよそ五〇もの原子炉を建設できるような社会とはいったいどんなものなのかという問いは、いまも答えを求めているということです。これは日本にもフランスにも当てはまることです。私たちがこの種の問いを立てることを避けている限り、いかなる代替案も価値あるものとはならないでしょう。こここにこそ、私が思うに、フランスでルネ・リーゼルとハイメ・センプルンが共著で出版した『カタストロフィ主義』のような本の力が存するのであり、そしてまた、福島原発の廃墟に働きに向かう日本の活動家たちの決断の必然性が存するのです。彼らが次のような問いを私たちに突きつける時が来るでしょう。君たちは私たち原発労働者にストライキ権を認める用意はあるかと。これは今日収束労働者たちが発電所の敷地内でストライキに突入すれば、不可避の新しい爆発によって首都の生活は不可能となるということを、私たちに知らない振りをさせないために突きつけられる問いです。こうして、原発はその建設時にも、また電力の日常的な生産においても、事故以前に、犠牲の構造が常に作動していたことが理解されます。事故とともに暴露されたのはこの真実であり、廃炉のために必要な時間が続く限り、この真実は目がくらむほど眩しいままであり続けるでしょう……。

ではこのような問題系に関して、日本の大規模な反核運動の遺産をどのように位置づければいいのでしょうか。実を言えば原発問題は、長いあいだ原水協と原水禁という反核運動の「歴史的」組織のあいだで不和の原因となってきました。社会党に加盟した原水禁は、社会運動の新しい問題系にいくらか開かれていましたが、一方で共産党の影響下にあった原水協は、科学的進歩の崇拝に凝り固まったままでした。七〇年代、日本共産党員たちは原発に反対するすべての運動に非常に敵対的でした。彼らによれば、これらの運動は核エネルギーの「良い」使用と「悪い」使用とを混同しているのであり、原子力の「解放」は、それ自体としては、人類の知性の勝利だというわけです。

こうした条件下で私たちは、これらの組織のうちに居場所を見つけることは次第に難しくなっていると感じていました。とりわけ彼らの国民主義的なイデオロギーは私たちにとって受け入れがたいものでした。平和運動における排外主義の象徴が、平和記念公園にある原爆の朝鮮人犠牲者の記念碑です。人々がそれを公園内に立てることを拒んだために、それは長く公園の外に置かれていました。日本は唯一の被爆国というスローガンは欺瞞です。なぜならそれは、動機ではないとしても結果として、植民地支配によってもたらされた広島と長崎の朝鮮人被爆者の存在を否認するものだからです。

ところで、この日本の反核ナショナリズムは、民衆から自然に発生した現象であっただけではなく、一つの「知的かつ道徳的な」プロジェクトでもありました。大江健三郎の『ヒロシマ・ノート』（一九六五年）は、一つの「よい」ナショナリズムを構築しようとするこうした試みについての貴重な証言です。このナショナリズムは、すべての日本国民が広島の経験を共有することを通して、みずから「普遍主義」的たらんとするのです。「ひとりの正統的な人間」と題された章は、以下の文章で締めくくられています。

「中国の核実験にあたって、それを、革命後、自力更生の歩みをつづけてきた中国の発展の頂点とみなし、核爆弾を、新しい誇りにみちた中国人のナショナリズムのシムボルとみなす考え方がおこなわれている。僕もまたその観察と理論づけに組する。しかし、同時に、それはヒロシマが生き延びつづけているわれわれ日本人の名において、中国をふくむ、現在と将来の核兵器保有国すべてに、否定的シムボルとしての、広島の原爆を提示する態度、すなわち原爆後二十年の新しい日本人のナショナリズムの態度の確立を、緊急に必要とさせるものであろう。したがって広島の正統的な人間は、そのまま僕にとって、日本の新しいナショナリズムの積極的シムボルのイメージをあらわすものなのである。（六四年十二月）」

それが書かれてから半世紀以上の時が流れた後にこの件《くだり》を再読するとき、私たちが受ける衝撃は単純なものではありません。なぜなら衝撃的なのは、私たちが忘れた当時の地政学的な文脈のみならず、この文脈のなかで彼のために、また彼の民衆のために、辿るべき一つの道を探求していた著者の考察でもあるからです。このパラグラフの最初の部分、すなわち中国の核保有に関する箇所については、平和運動内部における中国寄り組織のヘゲモニーに対する戦略的譲歩と見るのが適切でしょう。大江がこの論理に本当に同意していたとは私は思いません。反対に、彼が核兵器を永久に自らに禁じることで日本は一つの道徳国家となるべきである、またなることができると述べるとき、そしてその到来を願うこのナショナリズムは、他のナショナリズムに似たものではないと述べるとき、彼は正直にみずからの考えを披瀝しています。

この二つのナショナリズムの間の区別はよく知られています。一方のナショナリズムは、その国の特異性をなすものすべてを判断なしに愛するよう要請します。もう一方は、一つの国をそれが正義に適っている限りにおいて愛するように要請します。これはカミュの『ドイツ人の友への手紙』の論理です。そしてまた、同じ著者の作品『ペスト』への暗々裏の参照は、この『ノート』の最初から最後まで一貫して認められます。幼少時代、異論の余地なくこの最初のカテゴリーに属するファナティックなナショナリズムを経験した大江は、正義に基づいた、世界の前で約束を果たす能力のある、正しい責務を担いうる新しいナショナリズムを、彼の国のために作り出すことを望んでいるのです。

「歴史的」諸組織が集う国民集会において今なお触媒の役割を果敢に引き受けている大江氏に対して個人的に抱く大きな敬意にもかかわらず、〈ヒロシマ〉と〈ナガサキ〉の名のもとにこのような「肯定的」ナショナリズムを立ち上げようとするプロジェクトの射程は、福島の事故によって引き起こされた放射能汚染の、はじめからグローバルな広がりに直面したとき、これまでにもましてその限界を露呈したのではないかと私は見ています。範例的例外主義は、日本の反核ナショナリズムがそれでもやはり他のあらゆるナショナリズムと共有しているものですが、それが〈フクシマ〉からその反核の立場を再定義し、二〇一一年三月の事故が暴露したことと照らし合わせながら〈ヒロシマ〉と〈ナガサキ〉という名が意味するものを再考し、徹頭徹尾すっかり変革されない限り、惑星規模の核化の試みに対して、国際的な拒否の運動の形成を促すことはできないでしょう。

というのも、私たちは自問すべきだからです。なぜ山下俊一という医師が長崎から福島の住民たちのところへ、被曝の危険を過小評価させるためにやって来たのかと。医療分野における米国と日本の共謀は、原爆投下後間もなくＡＢＣＣ（原爆傷害調査委員会）の設立とともに開始されました。この組織が、被爆者の身体を数十年にわたり検査することで作成しアーカイブ化した資料のすべては、秘密のまま米国に保管されています。後年、この共謀関係のなかで育成された日本人医師たちが、チェルノブイリ事故によってもたらされた被害の公的な過小評価において、決定的な役割を果たすことになります。山下はこの同じ仕事を引き継いでいるのです。軍事的および／または民生的な核の世界規模の管理において、広島と長崎で集積された資料の扱いについては、悲劇的な惨事という一国的な表象の下に、すべてが長いあいだ隠されてきました。

今回の惨事の直後、〈ヒロシマ〉と〈フクシマ〉という二つの名を当たり前のように接近させることに対して私が留保を示したのは、出来事の特異性を明確にするためにあらゆる努力を払わねばならないときに、それが有害に思われたからです。福島第一の事故後の状況に、その時まで知られていたような反核運動の論理が少しでも適用できるとは、私は思いませんでした。今はこの立場からいくらか変化し、反核の立場の発展のためにも、この二つの名が再び結びつけられうると考えています。ただしそれは、〈フクシマ〉から〈ヒロシマ〉へと遡ることで、米日のチームによって行われた科学的研究の結果から、国際原子力ロビーがどのように利益を得てきたかがついにあらわにされるに至るのであればという条件付きです。日本の歴史的状況から、世界を核化させる論理の総体に反対する新しい世界市民的空間の発明へと歩を進め、そのようにして反核という日本の大義に新しい生命を与えようと望むのであれば、これ以外の道はないでしょう。

最後に、ちょうど一年前、国際オリンピック委員会によって二〇二〇年オリンピック大会開催地として東京が選出されたことに対し、個人としての断固とした拒否を表明したいと思います。IOC総会において日本の総理大臣安倍晋三が、福島の沖で汚染水が完全に制御されていると保証したやり方はみなさんもご存知でしょう。それが桁外れに恥知らずな嘘であること、それは言うまでもありません。ただおそらく同様に深刻なことは、私の考えでは、IOCの委員たちは騙されているのではなく、この嘘の共犯者であるということです。彼らは東京の立候補を支持しました。なぜなら彼らにとっては、核は制御可能であり人類はそれと共生できるという考えを、世界中の人々の心に焼き付けることが利益となるからです。私はこの言語道断の決定の実現に反対する国際的な運動の創造に、自分の生活の一部を費やすつもりでいます。「核という条件」に関する私たちの意識を深化させるために、この作業が避けて通れないものであることが、これから明らかになっていくでしょう。

（翻訳・須納瀬淳＋鵜飼哲）

第2章

境界から歴史をみつめ返す

ナショナリズム、その〈彼方〉への隘路

『ナショナリズム論・入門』大澤真幸・姜尚中編　有斐閣　2008年8月

ある「パラサイト」の経験

五年ほど前の夏のことだ。カイロの考古学博物館で私はある小さな経験をした。一人で見学をしていたとき、ふと見ると日本のツアー団体客がガイドの説明に耳を傾けていた。私は足を止め、団体の後ろで何とはなしにその解説を聞いていた。その前にすでに、仕事柄多少は理解できる他の言葉、英語やフランス語で他の国々の団体客向けになされていた解説もそれとなく耳に入っていたから、私にはそれは、ごく自然な、行為ともいえないような行為だった。ところが、日本人のガイドはぴたりと説明を止め、私を指差してこう言ったのだ。「あなたこのグループの人じゃないでしょ。説明を聞く資格はありません！」

要するに、あっちに行けということである。エジプトの博物館で、日本人が日本人に、お前はそこにいる権利はないと言われたのである。そのとき自分がどんな表情を

していたか、われながら見てみたいものだと思う。むっとしていたか、それともきまり悪そうに小さな笑みを浮かべていたか。少なくとも、とっさに日本人でないふりをすることはできなかった。

この状況は、ちょっと考えてみるとなかなか奇妙なものだ。というのも、私がこんな目に遭う危険は、日本以外の国のツアー客に「パラサイト」しているときにはまずありえないからだ。英語やフランス語のガイドたちは自分のグループのそばに「アジア人」が一人たたずんでいても気にも止めないだろう。それに、顧客以外の誰かが自分の説明に耳を傾けていたとして、それがガイドにどんな不都合になるというのか。博物館内の、障壁のない、公的な空間で、自分の言葉を対価を払った人々の耳だけに独占的に届けよう、どんなにおとなしくしていても「たかり」は「たかり」、「盗み聞き」は断固許すまじという使命感。それは空しい使命感にちがいない。日本語の分かる非日本人はいまではどこにでもいるし、私のような顔をしていないかもしれないし、ましてや私のような反応は、おそらく誰もしないだろうから。

しかし、その日ガイドの「排外神経」の正確な標的になったのは私だった。彼女は私が日本人であることを見切り、見とがめられたのちの私の反応も読んでいた。私は自分の油断を反省した。日本人がこのような状況でこのように振る舞いうることをうっかり忘れていたのである。日本にいるときはこちらもそれなりに張りつめている神経が、外国だからこそ緩んでいたらしい。日本のなかでは日本人同士種々の集団に分かれてたがいに壁を築く。しかし、ひとたび国外に出れば……。だがそれは、菊の紋章付きの旅券を持つ者の、無意識の、甘い想定だったようだ。その「甘さ」において私はまぎれもなく「日本人」だった。「日本人」だったからこそ日本人にパラサイトの現場を押さえられ、追い払われ、そして、逆説的にも、その排除を通じてある種の帰属を確認することを余儀なくされたのである。

この些細で滑稽な場面が、このところ、「ナショナルな空間」というものの縮図のように思えることがある。ときどき考えるのだが、このときの私とガイドを較べた場合、どちらがより「ナショナリスト」と言えるだろう。「同じ日本人なんだからちょっと説明を聞くくらい……」と、「甘えの構造」の「日本人」よろしくどうやら思っていたらしい私の方だろうか。それとも、たとえ日本人でも「よそ者」は目ざとく見つけ容赦なく切り捨てるガイドの方だろうか。確かだと思えるのは、私のような「日本人」ばかりではナショナリズムを「立ち上げる」のは容易ではないだろうということ、日本のナショナリズムは、かつても現在も、このガイドのようにきちんと振る舞える人々を欠かせない人材として要請し、養成してきたに違いないということである。少なくとも可能的に、「国民」の一部を「非国民」として、「獅子身中の虫」として、摘発し、切断し、除去する能力、それなくしてナショナリズムは「外国人」を排除する「力」をわがものにできない。それはどんなナショナリズムにも共通する一般的な構造だが、日本のナショナリズムはこの点で特異な道を歩んでもきた。この数十年のあいだ中流幻想に浸っていた日本人の社会は、いまふたたび、急速に階級に分断されつつある。それにつれてナショナリズムも、ふたたび、その残忍な顔を、〈外〉と〈内〉とに同時に見せ始めている。

ナショナリズムとは何か

もちろん私は、この出来事の後、外国で日本人の団体ツアーにはけっして近づかないようにしている。「折り目正しい」日本人でないことが、いつ、なぜ、どうして「ばれる」か知れたものではないからだ。しかし、外国では贅沢にも、私は日本人の団体に近づかない「自由」がある。でも、日本ではどうだろう。日本人の団体の近くにいない「自由」があるだろうか。この「自由」がないかきわめて乏しいことこそは、近代的な意味で「ナショナルな空間」と呼ばれるものの本質ではないだろうか。

子供も、大人も、日本にいる人はみな、たとえ日本で生まれても、日本人の親から生まれても、ただひとり日本人に取り囲まれている。生まれてから死ぬまで。そして、おそらく、死んだあとも。「ただひとり」なのは、生地も血統も、その人の「生まれ」にまつわるどんな「自然」も、自然にその人を日本人にはしてくれないからだ。

ナショナリズム nationalism というヨーロッパ起源の現象を理解しようとするなら、nation という言葉の語源だけは知っておきたい。それはラテン語で「生まれる」という意味の nasci という動詞である。この動詞から派生した名詞 natio はまず「出生」「誕生」を意味するが、ラテン語のなかですでに「人種」「種族」「国民」へと意味の移動が生じていた。一方、「自然」を意味するラテン語、英語やフランス語の nature のもととなった natura も、実は同じ動詞から派生したもう一つの名詞なのだ。この言葉もやはりまず「出生」を意味する。そして英語で naturally と言えば、「自然に」から転じて「当然に」「自明に」「無論」という意味になる。

「生まれ」が「同じ」者の間で、「自然」だからこそ「当然」として主張される平等性。そして、それと表裏一体の、「生まれ」が「違う」者に対する排他性。歴史的状況や文化的文脈によってナショナリズムにもさまざまな異型があるが、この性格はこの政治現象の不変の核と言っていいだろう。だからいまも、世界のほとんどの国で、国籍は生地か血統にもとづいて付与されている。

しかし、生地にしても血統にしても、「生まれ」が「同じ」とはどういう意味だろう。ある土地の広がりが「フランス」とか「日本」という名で呼ばれるかどうかは少しも「自然」ではない。文字通りの「自然」のなかには、もともとどんな名も存在しないからだ。また両親が「同じ」でも、たとえ一卵性双生児でも、人は「ただひとり」生まれることにかわりはない。私たちは知らないうちに名を与えられ、ある家族の一員にされる。それがどのようになされたかは、言葉を身につけたのち、人づてに聞くことができるだけだ。親が本当に「生みの親」かどうか、自然に、感覚的確信に即して知っている人は誰もいない。苗字が同じであることも、母の言葉が母語になったことも、顔が似ていることも、何も私の血統を自然にはしない。

一言で言えば、あらゆるナショナリズムが主張する「生まれ」の「同一性」の自然的性格は仮構されたものなのだ。それは自然ではなく、ひとつの制度である。ただし、他のどんな制度よりも強力に自然化された制度である。日本語で「帰化」（もともとは天皇の権威に帰順するという意味）と呼ばれる外国人による国籍の取得は、フランス語や英語では naturalis(z)ation、「自然化」と呼ばれる。この言葉は意味深長だ。なぜなら、外国人ばかりでなく、たとえば血統主義の国籍法を採用する日本で日本人の親から生まれた人でも、その人に国籍が付与されるとき、あるいはその人がなにがしかの国民的同一性を身につけるとき、それはいつでも、自然でないものを自然なものとする操作、つまり「自然化」によってなされるしかないからだ。

「自然化」とは、繰り返すが、自然でないものを自然なものとする操作のことである。言い換えれば、この操作はけっして完了することがない。そして、いつ逆流するか分からない。「非自然化」はいつでも起こりうる。昨日まで自然だったこと、自然だと信じていたことが、突然自然でなくなることがある。だから、日本人であることに、誰も安心はできない。小渕内閣時代の自民党の官房長官、一九九九年の国旗国歌法成立の立役者野中広務は、中国や朝鮮民主主義人民共和国とのパイプや安全保障政策でのハト派的姿勢が嫌われ、いまでは右翼の「国賊リスト」の筆頭に挙げられている。

このように、ナショナリズムは、他国（人）に対して「自己」主張を行うのとまったく同時に、「同」国人に対して、その時々に「国民として当然」とみなされる振舞いを疑問の余地なく示すことで、「生まれ」が「同じ」であることを証明するよう強要する。どんなナショナリストも自分の国民的同一性を結局のところ信じているにすぎないから、他の「同」国人に「同じ」〈信〉の証明を迫ることで、自分の〈信〉を繰り返し確認・強化する必要がある。「国民」と「非国民」の境界はけっして自然でも当然でもないから、繰り返し、強迫的に、ただしつねに、「自然」で「当然」な、議論の余地のない、問答無用の線として引き直される。こうしてナショナリズムはつねに血を流し続ける。「国民本体」の限界を一回限り決定する境界が存在しない以上、これらの線は「本体」を傷つけずにはすまないからだ。「本体」の一部をパラサイトとして切除しなければ、「国民」の「安全」は確保されない。しかし、ということは、ナショナリズムこそが、「外国人」のみならず「国民」の「安全」にとっても、第一の、内在的な、恒常的な危険であることになるだろう。

この時代のナショナリズム

このような構造は近代のナショナリズム一般に認められるが、現代のナショナリズムはそのうえに、ある特殊な歴史的刻印を帯びている。もう一度カイロの考古学博物館の場面に戻ろう。あのときのガイドには、相手が参加費支払済の顧客かどうかが唯一の基準だった。「日本人のよしみ」などどうでもよかった。黙認できないほど、「たかり」が許せなかったのだ。

日本人の私を追い払ったこのガイドが、私にはとてもナショナリスティックに見えるのはなぜだろう。それは彼女の振る舞いが、現在の日本のナショナリズムが新自由主義的な資本主義と取り結ぶある関係を考えさせるからだ。現在の新自由主義的な資本主義は、国内産業、国内市場、義務兵役の確立を目的とした国民国家形成期の産業資本主義とは異なり、各人が資本家になること、貨幣資本を所有していない者は唯一の所有物、つまり自分自身を、自分の体と心を「資本」にし、責任をもって自己管理することを求める。いわゆる「自己責任」に対するこの要求が貫徹されるなら、「国民としての最低限の生活の保障」というこれまでの福祉国家の前提は崩れ去る。資本の国家はそのとき「パラサイト国民」とみなされた人々の切り捨てにかかる。「甘え」を許さないあのガイドの厳格さが、いまではリストラが進むあらゆる職場で求められ、「期待される日本人」像の不可欠の要素になっている。

しかし、そのときナショナリズムは、固有の歴史との絆を決定的に喪失する。

資本主義と社会主義の体制間矛盾をめぐる東西冷戦は、一九九〇年代初めに資本主義陣営の勝利で終わった。その直後から、旧ユーゴスラヴィア、南アジアをはじめ、世界各地で民族間矛盾が激化し、新たなナショナリズムが台頭した。ところが、各国ごと、各地域ごとに歴史的、地政学的文脈はさまざまなこれらの事例のどれからも、歴史を語り記憶に訴えるこれらのナショナリズムの言説に、歴史的緊張感が奇妙なほど欠けていることが感じられる。これらの言説は、この点で、驚くほどよく似ているのだ。現代の日本のナショナリズムも例外ではない。

しかし、ナショナリスト同士が、国を超え、民族を超えて、たがいに兄弟のように、鏡像のように似ていることはそんなに驚くべきことだろうか。二つの国旗、二つの国歌が、国旗として、国歌としてたがいに似ているように、二つの国のナショナリストが似ているのはむしろ当たり前ではないだろうか。この類似が、近年の、驚くべき現象のように感じられるのはなぜだろうか。

東西冷戦時代の二つのイデオロギーは資本主義と社会主義だった。これら対立する陣営はどちらもみずから近代的価値の擁護者を自任していた。そしてその価値の普遍性を主張していた。それに対して民族主義は、ある個別的共同体の特殊性を主張する。民族主義とは、他の誰にも似ていない「われわれ」の存在に対する固執であり、それを否定しようとするあらゆる力に対する抵抗である。その限りでそれは、普遍的イデオロギーとしての資本主義にも、社会主義にも、根本のところで抵抗する。

ところが、冷戦以後に台頭したナショナリズムは、新自由主義的資本主義に、もはや抵抗を示さない。それは自国および他国を、グローバル化した、言い換えれば地球大に拡大しその領域が世界と一致した新たな資本主義世界を金輪際変更不可能な環境として、その内部で同一のルールのもとに競い合う集団のように想像する。この状況はけっして「自然」でも「当然」でもなく、歴史的にきわめて新しい。ただし、その予兆は、一九六〇年代にはすでに現れてもいたのである。

経済単位としてますます純化されていく国家の論理がどのようにしのぎを削りあおうとも、一見尖鋭にみえるその「多極化」のしっぽは世界市場の深まりゆく一元化にしっかりと踏みつけられている。この事実からうまれる予感と推論は何か。

国家を単位として分立し、あるいは連合する複数の独占体系をもって、私有制の「瀕死かつ最高の段階」とみなすことは妥当であろうかという疑問がまず発生する。一つの峰の頂きに立たなければ、さらに高い峰がみえてこないという風に、われわれはまだ私有制の最高峰を望みえていないのではないか。ＡＢＣ……の一国革命は私有制を一種の国家独占体系に転位させたが、そこから直ちに国家の死滅がはじまるきざしがないばかりか、国家論理の一層の強化のあげく、世界市場を円卓会議然ととりまく国家群の相補的な関係としてある新しい全世界的な呪縛の体系をうみだしつつある。

この体系はどこまで進行するだろうか。おそらく間もないうちに中国とその周辺を完全に呑みこみ、市場争奪のすきまから起こるLMN……の一国革命を呑みこみ、単一の世界権力にまで成育してしまわないだろうか。アインシュタインをはじめ多くの人間の夢を誘った世界連邦、世界政府こそは私有制の真の最高形態であったと悟らなければならない日がやってこないと断言できる何物があろうか。すくなくともわれわれの内視世界には、この予感と推論をさえぎる根源的な障壁は何もない。いやすでにわれわれの肉眼ですら、九十四の国家の標旗に包囲され、見おろされ、単一の世界ルールに支配されて競いあう男女の裸像をとらえている。この「平和な」光景が語っているのは、逆流してくる未来の残酷さの受胎告知図ではないのか(1)。

詩人で労働運動家の谷川雁がこう書いたのは一九六四年、東京オリンピックの年のことだ。この文章は、今日の若い読者には多少とっつきにくいかも知れない。それはひとつには個性的な文体のためだろう。またもうひとつには、著者がここで問題にしている当時の有力な思想がいまでは自明でなくなっているためだろう。

「私有制の「瀕死かつ最高の段階」」という言葉は、ロシア革命の指導者レーニンが『帝国主義論』(一九〇三年)で用いた表現である。この著作でレーニンは、一九世紀の末に資本主義は帝国主義の段階に入り、この帝国主義こそが資本主義の「最高段階」であり、したがって社会主義への移行の前段階であるという認識を示した。第一次世界戦争の勃発とそのさなかに起きたロシア革命は、レーニンのこの認識を裏づけたように思われた。第二次世界戦争の結果、社会主義圏はいっそう大きく広がった。

しかし、日本では一九六〇年の安保闘争とともに戦後の激動期が終わり、高度経済成長が始まると民衆の意識はまたたく間に変容していった。九州築豊の炭坑労働者闘争に深くコミットした谷川は、帝国主義が資本主義の最高かつ最終段階であるとするレーニンの認識に、独特の詩的直観と思考を通して疑いを抱くようになり、このような予感を書きつけたのである。もっとも、彼が予想したのは冷戦における資本主義の勝利ではなかった。彼が持った予感はある意味でもっと暗く、一国単位の社会主義革命がこれまで通りの仕方で勝利を重ねたとしても、その先に人類を待っているのは資本制という形を取った私有制の廃棄でもなければ国家の死滅でもなく、彼が「世界単一権力」と呼ぶ逆ユートピアなのではないかというものだった。そして、東京オリンピックの華やかな光景は、彼の眼には、その逆ユートピアを先取りするイメージのように映ったのである。

谷川は慎重に「国旗」とは言わず、「国家の標旗」という言い方をしている。そして、選手たちはその旗たちに「包囲され」、「見おろされ」ている。それは彼ら、彼女らが、「単一の世界ルールに支配されて」いることを示している。この三重の受動態によって強調されているのは、あたかも人類の普遍的自由の発展の鏡のように言祝がれるスポーツの祭典が、実は残酷な隷属の空間にほかならないという認識である。オリンピックやワールドカップを始め、スポーツの国際ゲームがナショナリズム高揚の危険な政治空間であることはいまではあまりに明らかだが、そこで高揚されうるナショナリズムが「単一の世界ルールに支配され」たものでしかないことは、すでにこのとき看取されていたのである。

それから四〇年、北京オリンピック（二〇〇八年）まであと二年の今日、大陸の資本主義経済が大きく発展した東アジアで日増しに強まっているのはこのタイプのナショナリズム間の葛藤である。ナショナリズムはいつの時代も危険だったことにかわりはない。しかし、かつてのナショナリズムは、その危険と引き換えに、「国民」の個および全体の生の、民族に固有な、根源的、革命的な刷新を約束し、その実現のために努力する可能性を含んでいた。さらに、自民族の独立と特殊利益の追求を超えて、人類全体の文明的、歴史的課題に見合う普遍的理想をおのれのうちから生み出して、自分たちにひとつの「世界史的使命」を与えようと努めることもあった。そこから現実に起きたのは、激烈な名誉感情に鼓舞された、おのれより上位の権威を認めることを欲しない複数のナショナリズムが、たがいに覇権を競い、その果てに二回の世界戦争にきわまる最悪の破壊に至りついたことだった。一九世紀初頭のヨーロッパに現れてやがて世界を覆ったこの現象の二世紀にわたる歴史は、何回も、さまざまな視点から、どんなナショナルな一面的理解をも超えて検討し直される必要がある。

私たちの前にあるのは、冷戦という凍結期を経て、資本主義の先の将来への展望がさしあたり見失われた世界のなかの、別のタイプのナショナリズムである。そして、かつてのナショナリズムのありようを多少とも知る者には、この時代のナショナリズムは、その志の低さ、理想に対する無関心、そしてなにより品性の低劣さによって衝撃的である。日本の書店に並ぶ朝鮮、韓国、中国攻撃の本の数々。ネット上に溢れる外国（人）に投げつけられた口汚い憎悪表現の汚水流。そこにあるのは、「単一の世界ルール」の支配を、もはやそれを隷属と感じないまでに内面化してしまった精神の弛緩だけだ。

自国および世界の現状を否定して未知の将来に賭ける気概が失われたとき、過去の歴史はもはや、緊張に満ちた対話の相手ではなくなる。それは現状を肯定し正当化する目的のためだけに動員され、「修正」され、編集されるべき素材に過ぎない。そして、将来に向けて自己を高める意欲もなく、現在の自己に対する評価も内心芳しくなく、そして、それでも自己が上昇する幻想にだけは耽りたいとすれば、そのための唯一の手段は他者をおとしめることである。このようにして、グローバル資本支配下のナショナリズムは、歴史との絆を否応なく喪失し、とめどのない他者蔑視に陥ることになる。

この隘路を抜ける道は、したがって、密接に結びついた三重の課題に応えることであるほかはない。第一に、新自由主義的な資本主義の支配を不変のルールと考えることを止め、もう一つの世界のあり方を追求すること。第二に、世界の歴史、アジアの歴史と、自民族中心主義の狭隘な歴史観の彼方で、もう一回絆を結びなおすこと。第三に、自己蔑視と表裏一体の他者蔑視の愚かさを脱却し、近隣諸国の人々と「もう一つのアジア」の構築を構想すること。

どれも大変な課題ばかりでとてもひとりで背負えるようなものではない。とはいえ、どの課題についても、それに取り組み、辛抱強く将来を紡ぎ出そうとしている人は、日本にも、アジアにも、世界にもけっして少なくないし、その数は次第に増えている。この地球上で私たちが一緒に生きていくために今の世界に欠けているものが、多くの人の眼にだんだんはっきり見えてきているのである。

しかし、日本人には、これらの課題に取り組むために、避けて通れない固有の難関が二つある。一つは第一の、もう一つは第三の課題にかかわる。一つは日本とアメリカ合州国の関係であり、もう一つは二〇世紀前半の植民地支配と侵略戦争の責任である。この二つの問題を少し広い視野で見つめなおすために、第二次世界戦争中に、あるフランス人によって書かれた文章を読んでみよう。

ドイツと戦っているわれわれヨーロッパ人は、今日さかんにわれわれの過去について論じている。それは、われわれが過去を失うことに不安をいだいているからである。ドイツ人はそれをわれわれから引き離そうとしたし、また一方アメリカの影響もそれを脅かしている。われわれはただいく条かの糸によって過去につながっているにすぎない。これらの糸が切れることをわれわれはのぞまない。われわれは改めて過去に根づくことをのぞんでいるのである。ところで、われわれがあまりに無意識であることは、われわれの過去が大部分オリエントに由来するという事実である。（中略）

アメリカ人たちの過去はわれわれの過去と別のものではない。彼らはわれわれをとおして、いく筋かのごく細い糸で過去につながっているのだ。彼らの影響は、彼らの意志にかかわりなくわれわれを侵そうとしている。そしてそれは充分な障害にぶつからなければわれわれからその過去を奪うとともに、もしこう言ってよければ、彼らからもそのわずかな過去を奪いさるであろう。一方オリエントは、金力と武力とから成るわれわれの影響によって半ば根こぎにされてしまうまで、執拗なまでにその過去に執着してきた。しかしこの根こぎはまだその半ばの状態にしか達していない。が、日本人の例によって示されているように、オリエントの人たちがわれわれの欠点を採りいれようと決心するときは、自分の欠点にわれわれの欠点を加えることによって、その欠点を二乗することになる。(2)

シモーヌ・ヴェイユは、一九四〇年六月、第三共和制のフランスがナチス・ドイツに降伏したあと、占領に抵抗してドイツと闘い続ける道を選んだ少数のフランス人のひとりだった。そして、その少数の抵抗派のフランス人のなかでも、ドイツがヨーロッパで現に行っていることは、フランスが植民地で前から行ってきたことと同じであると断言したおそらくただひとりの人だった。さらに彼女は、たとえドイツが敗北しても、戦後のヨーロッパがアメリカに支配されるままになるなら、ヨーロッパは結局同じ過去の喪失に見舞われるだろうと考えた。彼女にとってこの袋小路を突破する道は、フランスがひとたび解放された日には今度はみずからすすんで植民地を解放し、豊かな歴史を持つ民同士の対等の対話を確立することで、ヨーロッパとオリエントがふたたびたがいに過去に根をおろすこと以外になかった。亡命地ロンドンでこの文章を書いて間もなく、戦後の成り行きを見ることなく、ヴェイユは三四歳の生涯を閉じた。

一九四三年のこの文章に「日本人」は、「自分の欠点」にヨーロッパ人の「欠点を加える」ことを決心したため「欠点を二乗」してしまったオリエントの唯一の民として登場する。その民が、敗戦後一貫してアメリカの従属的な同盟国であり続け、その位置に甘んじて戦争責任や植民地責任を曖昧にし続けてきたとすれば、この民とその固有の歴史の関係は、ヴェイユが将来の救済の不可欠の条件とみなした本当の意味での過去への根ざしは、いったいどうなってしまうだろう。

この文章でヨーロッパとオリエントの関係について言われていることは、日本とアジアの関係にもそのまま当てはまる。植民地支配は他民族の歴史を抹殺しようとする。しかし、その他民族の歴史は実は当の植民地主義者の民族の歴史の淵源であり、その不可欠な一部なのだ。現代の日本のナショナリズムが植民地主義的なアジア蔑視に侵されている限り、身勝手な歴史観をどれだけ振り回そうと、過去への根ざしはいっこうに生じてこないばかりか、いっそうの根こぎが進行するだけだろう。

ヴェイユの洞察は、現代日本の歴史意識のこのような荒廃と、深まる一方のアメリカに対する従属の間に、どんな因果関係があるかを考えるための大切な手がかりを与えてくれる。現代の日本のナショナリズムは、憲法改正の動きを含め、いまやもっぱらアジア諸国に対抗して組織されている。だから、日本に米軍の基地があることにはほとんどまったく反応しない。このナショナリズムが強まれば強まるほどアメリカによる日本の操作は容易になり、日本はアメリカのアジア外交の単なる「カード」になっていく。アメリカの求める新自由主義的な経済・政治改革への抵抗は弱まり、グローバル資本の支配は強化される。他者蔑視のナショナリズムは、そのことでさらにいっそう激しくなる……。「もう一つの世界」、「もう一つの歴史」、「もう一つのアジア」への道が開かれないかぎり、この悪循環は、おそかれはやかれ、私たちを破局に引きづっていくだろう。

おわりに

この悪循環はそれ自体歴史的に形成されたもので対症療法には限界がある。私たちは先の三重の課題に、日々地道に、そしてときには大胆に取り組んでいくほかはない。しかし、この歴史的隘路の突破は大仕事だとしても、その集団作業の前提である私たちひとりひとりの日々の抵抗の手がかりははっきりしている。「国民」の境界の外側につねに置かれている人々の立場から、感じ、考え、振る舞うように努めることである。

「あなたこのグループの人じゃないでしょ。」

カイロの博物館で私が浴びせられたあの言葉は、外国人が、オールドカマー、ニューカマーの別なく、陰に陽に、日々浴びせられている言葉であり、その頭につねに響き続けている言葉である。「国民」の境界の内側に入ろう、いつも内側にいようと神経を尖らせないこと、まして境界を定める側に——ネット上の自己満足であれ——なろうとしたりしないこと、「ナショナルな空間」の内部にも、「国民」の団体から離れて生きる「自由」の余地を広げること、自分の心にすでに引かれてしまっている境界、身につけてしまっている「排外神経」を自覚し、その外側に身を起き、「排外」される側の眼や耳で私たちの社会を知りなおすこと。こうした日々の営みにいつか不思議な楽しさがともない出す。グローバル資本とナショナリズムに同時に抵抗する生のよろこびをあなたは知る。そのときあなたは、やはりただひとりでいながら、もはやひとりではない。

註

（1）谷川雁「わが組織空間」、『無《プラズマ》の造型——六〇年代論草補遺』、潮出版社、一九八四年、三一三—三一四頁。

（2）シモーヌ・ヴェイユ「フランス国民の運命との関連における植民地問題について」、松崎芳隆訳、『シモーヌ・ヴェイユ著作集』二、春秋社、一九六八年、四八七—四八八頁。

フランスの原発政策と対抗運動の思想史粗描

ピープルズ・プラン研究所　2013年1月26日

今日お話させていただくことの最初の三分の一はフランスの核武装の政治史です。フランスがどういう経緯で核武装に至ったか、さらにそれがある種ナショナルな合意になっていったか、そのプロセスを想起します。次の三分の一では、そこからさらに原発の推進が続き、七〇年代には激しい反対運動があった、しかし八〇年代以降、それが国民的合意に進んでしまったその経緯を辿ります。そして三番目に、フランスの場合、エコロジー派に対する批判が左派の中で非常に強いのですが、これがまとまった反原発運動が持続的に形成されない、客観的に見ると一つの要因になっている。その批判派の人たちの論拠というのはどういうものかということを見ていきます。最後に、ポール・ヴィリリオという人が、フランスで反原発運動が一番激しかった頃、その状況を見据えながら、「純粋戦争」ということを言い始めていたことを考えてみたいと思っています。

核保有に至る経緯

資料に、昨年（二〇一一年）『インパクション』（一八二号）に掲載された、フランス在住の日本人の美術家で反原発・反核運動に非常に深くコミットしている、コリン・コバヤシさんと私の対談「核大国・フランスの現実と脱原発運動の歴史」が入っています。ポーランドからの移民であるキュリー夫人、さらにはキュリー夫妻による両対戦間期のラジウムの発見がある。さらにキュリー夫妻の娘の夫であるジョリオ・キュリーが原子核について最先端の専門家だった時代があった。フランスと核のかかわりはこの時代に遡ります。

一九四〇年六月、フランスはドイツに敗北する。パリを占領したナチスはすぐにジョリオ・キュリーの実験室に行き協力を要請する。キュリーはこれを拒否してレジスタンスに参加する。彼はこの頃原子爆弾も含む研究計画を立てていたようですけれども、レジスタンスに入り実験室を放棄したことでこの研究は頓挫する。そして彼は火炎ビンの製造の専門家になる……。こういうエピソードが残っています。

戦後になると第四共和制が成立し、ドゴールが初代の原子力エネルギー委員会のトップにキュリーを抜擢する。しかしキュリーはこの頃共産党員で、フランスのための核兵器開発を拒否します。そのことによって第四共和制下でのフランスの核兵器開発は非常に遅れることになる。最初の段階でのこの経緯は非常に重要です。

そもそもフランスが一九六〇年に核兵器を保有するに至ったのはどのような局面だったか。フランスは植民地帝国の喪失と軌を一にして核兵器保有に進んだ。そこのところを強調したいと思います。それは現在のマリへのフランスの派兵やアルジェリアでの日本人人質事件（二〇一三年一月一六日）にもつながることです。こういう展開になるとは意外でしたが、少なくとも六〇年から見ていかないと、現在起きていることは見えてこないと思います。

アルジェリア戦争は一九五四年に始まります。この年フランスは既にディエン・ビエン・フーでヴェトナムに敗北していて、そのことがアルジェリア人にも勇気を与え、十一月一日にアルジェリア民族解放戦線が一斉蜂起をする。

五八年くらいになりますと戦争がドロ沼化し、

当時の中道左派の政治指導者には全く収拾の目途が立たなくなる。とりわけ軍との関係が非常に悪くなってくる。フランスの政界にこの状況を切り抜けられる人間は一人しかいない。引退していたドゴールを引っ張り出して、何とかこの局面を切り抜けようということになる。第四共和制がそういう形で崩壊してドゴールの再登場、第五共和制への移行ということになったのが一九五八年です。この時には植民地の軍隊が反乱を起こし、パリに落下傘部隊で降下してあわや内戦の瀬戸際というところまで行ったのです。そして第五共和制憲法が制定されます。この憲法は基本的にドゴール用に出来ている。この局面を何とか切り抜けることが第一ということで、非常に強い大統領権限があり七年任期にした。

ここで大事な点はドゴールは軍人だということです。第五共和制への移行とともに核兵器の保有という方向を打ち出してくる。これは現在にまで至る大変複雑な問題です。つまりフランスの第二次大戦後の安全保障をどうするかという問題です。選択肢は三つあった。第一に自主国防路線。第二に大西洋主義。つまりこれはアメリカの核の傘の下に入るということです。ヨーロッパで言えばNATOに積極的に参加するという選択です。それから第三に欧州主義。当時はNATOですけれども、ゆくゆくはアメリカと別の形で、いまのEUにつながる流れ、つまりヨーロッパ単位で安全保障を考えていく発想です。当時のヨーロッパというのは西ドイツまでです。ベルリンに冷戦の対立線があった時代です。

そういう三択の中でドゴールは単独国防路線を選択していく。そして核武装法案が一九六〇年に議会を通過する。状況はアルジェリアがどうなるかということが中心ですから、おそらくこの時点で大きく焦点化はしなかったのでしょう。しかし、これは凄まじい事態です。あれだけ苛酷な植民地戦争が行われているさなか、アルジェリアのサハラで核実験をやった。フランスの核実験は主にここで、アルジェリアを持っていた時代にやり、あとはご存知のように南太平洋ということになるわけです。いずれにしてもドゴール政権下で、一九六二年にアルジェリアは独立します。それとほぼ前後しつつフランスは核兵器保有国になっていく。あたかも植民地の代わりに核兵器を所有することになったかのように事態が進んだのです。

このフランスによる一国抑止力ドクトリンというものが何を意味しているか、三点に整理してみます。先ほども触れましたが第一にNATOからの独立ということ。フランスが必要と認めた場合には、単独で決断して動くことができる。実は今回のマリ派兵も単独主義だったようです。つまりEUレベルでの根回しが全くなかったらしい。単独で決断し介入した後にブリュッセルに行って、EUの他の国の外務大臣にフランスの外務大臣が説明した。最近かなり大きな公開討論がこの問題について開かれ、文学研究者のツヴェタン・トドロフが批判的な意見を言っていたのを聞きました。彼によると、ブリュッセルの外相会議では「説明は分かった、それで本当の意図は何か」と聞かれたらしい。フランスの外務大臣は激怒して、「テロリストが首都に侵攻することを押し留めること、そしてテロリズムの根絶である」と言った。「前進を阻む」ということと「テロを根絶する」ということはまったく違う。この二つを一緒に言ったことの中に隠れた目的がある。それがトドロフの意見でした。

このように今回も、オランド大統領のもとでフランスは単独主義で行動しています。その姿勢は遡ると、六〇年代前半のドゴール主義による一国抑止力ドクトリンにたどり着くわけです。

第二に、通常戦争では大きな戦争にフランスは勝てない。第二次大戦のドイツに続きヴェトナムでも敗けて帰って来た。もうこれはダメだ。アルジェリアでもこの時期はもう撤退しかない。ドゴールは軍人ですからそれが分かっていました。いくら現地で武力で優位でも、それが政治的な優位性に全く翻訳できないような状況がこの時期にはもうあった。ドゴールは長期的に見て、アルジェリアを維持するのは不可能だと早くから判断していました。口先ではアルジェリアのフランス人（コロン）に「あなた方のお気持ちはよくわかりました」と言いながら裏ではＦＬＮ（アルジェリア民族解放戦線）と交渉を始めていた。基本的にフランスは通常戦争はもうしない。いずれにしてもワルシャワ条約軍と戦争になった場合、フランス単独でそれと向き合うということはあり得ない。そうすると自国の核保有以外、一国防衛路線を取る方法はないわけです。

三番目に、敵国工業地帯に対する核兵器による威嚇ということを追求する。名目上は潜在敵国なき「全方位防衛」という形を取ります。ところがフランスの核実験は、独立したばかりのアフリカ諸国やオーストラリア、ニュージーランドと外交的に対立します。この時の対立は相当激しかったのです。当時のフランスは長距離ミサイルもあまり持っていなかった。一九六五年から五カ年計画で、ミサイル、爆撃機、そしてとりわけ潜水艦の建造を進めます。つまり常にフランスの潜水艦がどこかにいて、フランスが攻撃されるようなことがあれば、その潜水艦から核ミサイルが敵国に向かって発射されうるという状況を作ること。こういう戦略を立てたのです。このことにはドゴールの政治家としての、あるいは軍人としての厳しい判断も反映されていました。フランス軍は植民地戦争の結果ガタガタになっていた。植民地戦争に敗ける。植民地軍が反乱を起こす。さらにドゴールの暗殺まで狙った秘密武装組織（ＯＡＳ）まで軍人の間から出て来る。要するにフランス軍そのものが解体寸前という状況でどう軍制改革をやるか。いままで伝統的に重きをなしてきた軍隊の士官からいかに権威を奪い、政治に従属する軍を作り直すか。そのための切り札が核戦略だったのです。一国防衛路線と軍制改革を一石二鳥でやっていく。その要のところにこの核保有政策があったわけです。

その時フランスは、「これは強者から身を守る弱者の武器だ」と主張しました。これはよく考えてみると、中国からやがて現在の朝鮮民主主義人民共和国に至る、核保有の論理のひな型です。それを形成したのは実はこの時期のフランスだった。私はこの論理のなかにアパルトヘイト時代の南アフリカとイスラエルは含めません。これは弱者が強者から身を守る例とは言えないからです。この二つは例外ですけれど、その他の国が核保有に進む時の論理は、概ねこの形を取っています。このことによって、当時は米英ソだけが核保有国だったところにフランスが加わる。これは冷戦期の国際政治の構造を相当変容させた。そしてそのことにフランスは非常に自覚的でした。六四年に中国が核保有に至った時には、事実上黙認するという政策を採用します。そして六〇年代後半になると、何となく中国とフランスは冷戦構造の中で独自の立場を取っているというイメージが出来てくる。当時フランスの左派の思想家は多かれ少なかれ毛沢東主義に近かったのですが、それもフランスが第三極というイメージとまったく無関係ではなかったでしょう。

国民的合意の形成

当時のフランスにも反核運動はありました。フランス共産党が非常に強かった時代です。共産党とキリスト教左派による反核運動が形成されていましたが、フランスが核保有国になった後は弱体化していきます。五〇年代末には反核運動がかなり強かった。その時期の思想をある意味代表しているのは、マルグリット・デュラス／アラン・レネの『ヒロシマ、私の恋人』（日本公開タイトル『二十四時間の情事』）ですね。あのシナリオと映画は、その頃デュラスは共産党員でしたが、こうした運動の状況を反映していたのです。ところが六〇年代になると反核運動の力が弱まり、六八年五月にも自

国の核を問題にする動きは全くありませんでした

その後七〇年代に入ると、一九七二年に共産党と社会党が中心になって「左翼連合綱領」が出来ます。そして七四年の大統領選挙に向かう。この時はさすがに「戦略核兵器の放棄」という政策目標が掲げられます。しかしそれは同時に、核技術の平和転用という形で核兵器の廃棄を唱えたものでした。左翼の原発容認という構図は、実はこの時に出来上がった。つまり既に核兵器を持ってしまった国で、選挙で左派が綱領を出そうとすると、今ある核技術をどうするんだという議論になる。労働者もいる。そういう中で「平和利用」論が、ある種の落としどころになってしまった。この時期に左翼連合綱領に賛成した政治家や知識人は、ある意味理論的に武装解除されてしまったわけです。核大国、原発大国としてのフランスの現在を考える時には、まず核保有国になった国が原発開発に向かった経緯を時系列に沿って考えなければなりません。

ドゴールの後継者であったポンピドゥーが在任中に亡くなり、七四年の大統領選挙で非ドゴール派のジスカール＝デスタンが大統領になります。ジスカール＝デスタンはフランスにおけるネオリベラリズムの始まりを画する政治家です。ドゴール派は基本的には小ブルジョアジー中心の党で、ある種のボナパルティズムの伝統を継承していました。それに対してジスカール＝デスタンの場合は、明確に大資本優遇路線を取るようになる。それと同時に対米接近を図ります。このことはいろいろな見方があります。ジスカール＝デスタンはいまも現役で、今回のマリへの介入には反対しています。欧州議会議員のジスカール＝デスタンはEUの方を政治的に重視していてフランスの単独行動には反対ということのようです。

軍人ドゴールが核のボタンを持っている。彼の在任中の第五共和制はそれで出来ていた。ドゴールは普通の人間ではない。一九四〇年六月にただ一人ドイツとの停戦協定を拒否して亡命した人だからこそ核のボタンを預けられるという多数派世論が形成されていた。それに対してジスカール＝デスタンは、どうやら「核のボタンを押すようなことは自分にはには出来ない」と考えたらしい。そうすると力学的には対米接近になり、先程の整理で言うと「大西洋主義」になるわけです。ちなみに前の大統領のサルコジは、その点ではジスカール＝デスタン以来はじめてアメリカ寄りになった大統領であり、同時にジスカール＝デスタン以来もっとも攻撃的なネオリベラリズムの提唱者ということになります。

この頃、ジスカール＝デスタンの時代に、共産党が路線転換します。一九七六年のことです。もっともフランス政府の国防路線に単純に与したということではありません。フランス共産党は「モスクワの長女」と言われた親ソ派でしたから、この路線転換はソ連の意向です。ジスカール＝デスタンが対米接近していることにソ連は危惧を抱いた。フランスが戦略核を放棄するということはアメリカ寄りになることだとソ連は考えた。そこでフランス共産党に路線転換を迫ったという構図です。社会党も近い将来政権交替を目指すという流れのなかで七八年に路線転換をする。ただ社会党の中には何人も反対派の人がいました。結局反対派は反対派でいいということで転換を方針化していきます。

現在フランスは国際司法裁判所に加盟しています。ということは、核使用に踏み切った場合、フランスの大統領は確実に訴追されるということです。かつての核保有推進派からも、核の使用の可能性に依拠した一国抑止ドクトリンはもう時代遅れであるという認識が出て来ました。また核実験場の確保についても、一九八五年、ミッテラン政権の時に南太平洋で、フランスの核実験に反対するグリーンピースの抗議船「レインボー・ウォリアー」がフランスの諜報機関員に爆破される事件があり、またシラク政権の時も、一九九五年、世界的な批判を浴びた。翌年、フランスは核実験を最終的に停止します。こうしたなかで、ドゴール時代に出来た核戦略はEUの建設が進む中、もうそろそろ耐用年数が過ぎただろうという議論になってきている。フランスの核は今後、EUレベルの安全保障の成り行き次第で「欧州の核」になる可能性がひとつ。これにはドイツはあまり賛成しないのではないかと私は思っています。さもなければ、いずれヨーロッパが非核地帯になり、その中で廃棄されるか。中長期的には、このどちらかになっていくだろうと言われています。どうなるかわかりませんけれど。EUの統合の速度も鈍っていますし、だからこそフランスの単独行動が起きたとも考えられる。この二つのシナリオ以外のものが出て来る可能性もないとは言えません。

原発大国への道

次に原発開発に移ります。原発自体は五八年あたりに一回出来ているので、本格的な開発期とその「前史」が区別される。とはいえ「前史」の段階では、エネルギー政策の中心として位置づけられることはありませんでした。原発開発で機先を制したのはイギリスです。アメリカより先に、一九五五年に原発開発計画を公表する。これはフランス電力会社にとっては寝耳に水で、大変なショックだったと言われています。当時のフランス電力会(公)社(EDF)は原発開発には消極的で、そのあと国産計画も推進しますが、一〇年やってみて失敗に終わります。ドイツと共同開発という話もありましたが、これも計画撤退になりました。その間に日本も原発開発を始めるわけですが、アメリカの幾つもの会社が原発輸出を活発化していくなかでのことでした。フランスも同じようにアメリカの原発でいいんじゃないかという話になる。それでEDFはアメリカに傾斜していく。アメリカからかなりの売り込みもあったようです。ドゴールは原発についてはあまり熱心ではなく、アメリカ嫌いだったけれど、政権末期には原発はアメリカでいいんじゃないかと言っていたそうです。これが六八〜九年ぐらいまでの状況です。

ところが一九七三年に石油ショックがあるわけですね。フランスは石油ショックから原発増産体制に入る。日本にも同様の動機はあったと思いますが、フランスの場合はこれが決定的でした。

石油産油国の資源戦略というものを最初に提唱したのはリビアのカダフィ大佐です。彼が一九六九年、まだ二〇代ですが、クーデターで権力を掌握する。翌年イギリスの油田を国有化して、石油価格を値上げする。この時はまだ一国規模でしたが、これが七三年の伏線になります。アルジェリアがサハラ石油を国有化するのがその二年後、七一年です。アラブの新興独立国、産油国が次々に油田を国有化していく。フランスは大変正直なことに、アルジェリアの石油国有化宣言の二日後に、三基の新原発建設計画を発表しています。石油をアラブに依存したくない。とりわけ旧植民地国にエネルギー政策を左右されたくない。この動機が非常に強かったのです。フェッセンハイムに二基、ビュジェに一基、計三基です。

第四次中東戦争が七三年の一〇月に勃発しアラブ諸国が石油戦略を発動する。その後、フランスの原発開発は体系的に展開されるようになる。核源電力計画というものが策定され、同一設計で毎年三基新設する。コリン・コバヤシさんへのインタビューの中でも触れられていますが、これはドゴール主義にプラスしてジャコバン主義の伝統でもあります。一回中央で決めると後は方法的、体系的に、フランスの国土全体で同じ計画を推進する、このスピードには凄まじいものがある。繰返しますが、フランスの原発開発は旧植民地国である産油国に対する資源依存の拒否を最大の動因としている点で、旧宗主国のポスト帝国期固有の性格を有しています。フランスの原発はポストコロニアルなのであり、これはドイツにはない重要なファクターです。

以上をまとめると、フランスで核兵器と原発の保有はかならずしもワンセットでドゴール主義の政治体系内にあったわけではありません。原発の方はドゴール以後の七〇年代に一気に作られていく。しかし紆余曲折を経て現在は、国防と同じ原理の主権主義、つまりエネルギー主権を確保するというコンセンサスが確立してしまっている。その場合ウランを何処から持ってくるか。ウランを輸入に頼るのであればエネルギー主権とは言えないじゃないかという声が出てくる。そこでフランス中掘りまくる。パリの地面も掘った。現在パリの中でも線量の高いところがあります。フランス全土に掘り返したままで線量が非常に高いところがあちこちにできている。とりわけリモージュの周辺にウラン鉱が非常に多い。同時に旧植民地にも食指を伸ばす。ニジェール北部にかなり大きなウラン鉱があります。そのニジェールのウラン鉱の安全確保ということが、今回のマリ介入の最大の理由ではないかとも言われています。

反原発運動の誕生

フランスで長年論争になっていることのひとつに、原発開発計画が秘密裏に進められたと反原発派が主張するのに対し、原発推進派の方は七〇年代の原発開発は民主的に決定されたと反論してきた歴史があります。一九七四年三月六日、当時のメスメル首相がテレビ演説で「フランスはこれから原発で行く」とはっきり宣言したことは事実です。それに対して「国会での議論がなされなかった」ことを反原発派は指摘する。ただし、社会党も共産党もこの時は反応しなかった。ただ一人議員で反応したルネ・デュモンという人は、いまも大変尊敬されているエコロジー派の学者です。この年の大統領選挙で彼がエコロジー派の候補になったのですが、得票率は一・一〜二パーセントでした。この選挙結果が原発推進派からは、いわば国民的選択と見なされることになったのです。これとちょうど同じ時期、アメリカやドイツでは反原発運動が高揚していく。ここからフランスの動向と他の国々との分岐が出て来る。

しかし、反原発運動は誕生する。七四年の八月、地域住民運動の開始です。私がここで依拠しているのは実は推進派の書いた本です。リオネル・タッコアン『フランスの核の選択――決定的決断の政治史』というタイトルです。これは日本には無いような類の不思議な本で、著者は元フランス電力会社の広報部長だった人物です。この人は原発建設を推進しながら反原発派の資料をオタク的に収集していました。後で見るように反原発運動が存在すること自体は当たり前だという理解に立っています。反原発運動の側には後で取り上げるエコロジー批判派のシチュアシオニスト系のグループが出した本があり、この二冊が基本的な情報源です。推進派のタッコアンによると、フランスでは反原発運動は基本的にフランス深部からやって来た。そしてここは推進派ならでの嫌味をこめて強調されていますが、フランス深部の村落が原発に対して強い拒否感を持ったのは、それまでの調和的な地方生活に建設労働者がたくさん入って来たからではないか、とりわけその中に、移民労働者がたくさんいたからではないかと言うのです。いずれにしても運動が中央ではなく地方から始まったことは事実です。

左派政党の方ではここで分裂が起きます。労働組合と反原発活動家集団、さらには左派政党のあいだに亀裂が深まる。あるいは大手の労働組合の中央組織とその地方支部の活動家との矛盾が大きくなる。共産党の書記局が煮え切らない態度を取っているときに、地方の共産党員は反原発運動の軸になることもあった。非常に倒錯的である意味怖いことですが、タッコアンの本にはそういう地域の活動家の一人一人の名前と性格まで全部出ている。この時この場所にはこの活動家がいて、非常に優秀な人物だったのでわれわれは敗北した等々。そういうことが詳しく書かれている、とても奇妙な本です。

次に非常に重要なことですが、「科学者四〇〇人声明」というアピールが出ます。これは七五年です。安全が科学的に証明されるまで、フランス人民は原発を拒否すべきであるという声明です。このことには否定的な評価もあって、さきほど触れたシチュアシオニスト系のエコロジー反対派、『公害百科』派は、フランスのエコロジー運動はここから科学主義に取り込まれたと見ています。この科学主義はデカルト主義ということでもありますが、フランスではそれがドゴール主義、ジャコバン主義と結合し、この三つの近代の伝統が重なったところで原発が形成されてしまったと言っていい。いずれにしても科学という土俵を重視しなければこの国では反原発運動は成り立たなかったと、逆に見ることもできるでしょう。実際に相当数の科学者が自分の名前を公にして、原発に関して少なくともモラトリアムの方向に圧力をかけようとしたことは事実です。こうしたなか、原発建設阻止闘争は七六、七七年に高揚期を迎えます。

まずフェッセンハイムです。七四年の新計画の最初の原発であり所在地はアルザス州ですから、ドイツからも沢山活動家が集まりました。ヨーロッパの反原発運動で非常に特徴的なことは、決定的な局面では他国からも大勢の活動家が参集することです。それから住民投票が各地で行われます。ノルマンディーのフラマンヴィルなどは住民投票で敗北したけれども、次は建設阻止の実力闘争という方向に進みます。ここで、地域外の活動家も参加する。タッコアンの見るところでは、フランスのこの時期の反原発活動家は理念的結合による雑多な人びとの集まりだった。地方的性格が濃厚で全国組織は不在。特にフレンズ・オブ・アース（地球の友）というイギリスの環境団体のフランス支部の人たちが来て地域の農民にも加盟の勧誘をしたけれども、そういうパターンはほとんど実を結ばなかったと記しています。

当時フランス電力公社には陰謀論があったんで

す。反原発運動というのは石油マフィアの陰謀ではないかというものです。原子力マフィアだけじゃなく石油マフィアもいるのですね。この石油マフィアが裏で手を回して反原発運動をやっているんじゃないかというふうに、どうもタッコアン氏の上司は言っていたようで、彼が反原発運動の資料を集めたのも、推進派内部の「啓蒙」という目的もあったらしい。この本の中には「反原発活動家は誠実で尊敬に値する人びとである」という文言まである。

彼は反原発派が出して来る原発の危険性に対する資料も全部読んでいる。もし自分たちが気づいていないことがあったら採用する。これはとても重要なポイントだと思います。フランスの場合、安全神話に閉じこもって反原発派の意見には全く耳を貸さないという姿勢ではない。別の言い方をすると、政治的に右か左かというところで原発の問題が分岐していない。政治的には右派だったり左派だったりするけれど、原発には賛成という人は両側にいる。いまでも日本では地方に行くと原発反対は「アカ」だと言われるところがけっこう多いそうですが、フランスの場合は国民的コンセンサスが形成されてしまったからこそそういう障壁はない。結果的に、科学的レベルでは、賛成派と反対派である種の共同管理体制が出来てしまっている。だからこそ、シチュアシオニスト系の人々から、この「科学主義」を打破しなければフランスでまともな反原発運動は成り立たないという批判が出てくるのです。日本ではこういう局面はいままでなかったけれども、これから部分的にでも同じような構図が形成されるようなことがないとも限りません。そのような意味で、他山の石と言えるのではないかと思います。

反原発運動の高揚と衰退

フランスの反原発運動の高揚と衰退は、クレイ＝マルヴィルで悲劇的な転回点を迎えました。この地で高速増殖炉スーパーフェニックス建設計画があり、当時フランスの世論調査では三人に二人が反対していました。これは電力会社が緻密に世論調査した数字です。クレイ＝マルヴィル闘争委員会は全国各地に形成されていましたが、建設阻止闘争をどういう手段でやるか、暴力の行使をどう考えるかという点で大論争になったのです。その結果、人を傷つけずに物を壊すという路線になる。当時の社会党の日刊紙に「みなさん、ペンチを持って集まりましょう」というような記事が載る。当然のことながら、そもそもガードマンが大勢いる場所でどうやって人を傷つけずに物を壊すのか等々、原理的な問題が噴出する。非暴力をめぐる論争がかなり表に出てきたため、最終的に共産党と社会党は引いてしまった。一九七七年七月三一日の集会は豪雨の中、最初は一〇万人集会と言われていたのが一万人しか集まらない。そして機動隊と大衝突になり二名の死者が出たのです。一般にフランスの反原発運動の中では、一名の死者と言われています。若い科学者、高校の先生が、催涙弾の水平撃ちで殺されてしまった。実はもう一人、現地の住民で反原発派に食物や飲物を提供していた家の八〇代の女性が、デモ隊が逃げ込んできた後で機動隊が家の中をめちゃくちゃにした、そのことのショックで倒れてしまい病院で亡くなっている。こういう悲劇的な結末になったということで、非暴力のエコロジー派と実力闘争を辞さない新左翼の間に大きな溝が出来、この時からフランスの反原発運動ははっきり退潮に向かう。

次にプロゴフです。プロゴフはブルターニュの村です。こちらの方は地域住民闘争で、地域だけで一〇万人が結集した。ここの反原発闘争は、一九八一年にミッテランが大統領に当選して、公約どおり計画を破棄しました。これは勝利したということですね。しかし社会党政権になって最初の大きな裏切りはハーグの再処理工場です。この稼働を推進する政府方針に対し、この時は使用済み核燃料搬入阻止闘争が行われたけれども失敗してしまう。ここで反原発運動の退潮を見切ってミッテランは六基新設承認に進む。このプロセスを経て、社会党政権ははっきり原発推進に舵を切る。そして現在に至る国民的合意が形成されていきます。

そして一九八六年、チェルノブイリ。この時代、私はフランスにいました。露骨な情報操作がありました。天気予報で、東から来る雲がフランスの国境で止まったのです（笑）。何日もその雲が動かない。数日後、国境地帯のお母さんたちが最初に声を上げた。「こんなはずはない」と。現在はこの雲を止めた責任者の名前までわかっています。そういうことまでしてチェルノブイリ事故後の被害を過小評価しようとした。しかし、フランス国内の原発開発見直しへの影響はきわめて限定的でした。

シチュアシオニストのエコロジー批判

ここで対抗運動の中でどういうエコロジー批判が出て来たかという点に触れたいと思います。『フランスにおける核エネルギー反対闘争の虫食いだらけの歴史』。先ほどから何回か出てきた『公害百科』派が作成したものです。エコロジー反対のシチュアシオニスト系の環境運動派で、理論的に大変洗練されていて、ナイーブなエコロジー派を徹底的に批判して止まない。議論は大変興味深いのですが、これがフランスの困ったところで、左派内部に強力な批判勢力がいると、エコロジーがなんとなく伸びていくということにはなりにくいわけですね。これは非常に難しい問題です。

それではエコロジー派の本には何が書いてあるか。ステファーヌ・ロムという人の『核の非安全性――間もなくフランスにもチェルノブイリが？』は二〇〇六年の出版ですが読むとびっくりします。「どこどこの原発のどこどこの一部で起きたことを会社はこういうふうに隠していた」。ホントに細かい。明らかに会社の中に「同志」がいて具体的な内部文書が漏れてきている。それが論拠になっている。反原発派の内情を調べ上げたタッコアンの本と、言わば合わせ鏡のようになっている。電力会社との、一種の暴露合戦です。それが延々と続く。

フランスで小さい事故は毎年起きている。しかし、巨大な事故がさしあたり起きてないことの背景には、一回大きな事故を起こして民衆が怒ったらお終いだという緊張感がある。それに比べて日本では民衆は明らかになめられています。フランスではさすがに民衆をなめることはできない。それだけ緊張感がある。そのために反対派の論拠がどんどん推進派に取り込まれることにもなり、結果的に大きな事故はこれまで起きなかった。シチュアシオニストはその構造自体を批判しているわけです。

彼らのエコロジー批判の第二の論点は、核官僚体制を生み出しうる社会とは何かという根本的な問いかけがないということです。要するに、公害だけ無くせばいいという話になっていないか。公害を出すような産業システムや社会体制は一体どこから出てきたのか。基本的に資本主義批判がない。国家批判が欠如している。フランスでは「国家エコロジー主義」という表現がよく使われます。緑の党は国家エコロジー主義だという非常にはっきりした断定があり、緑の党が運動の最大の阻害物だというような論調まである。とりわけチェルノブイリのあとはロビー活動に純化していると。

チェルノブイリ後この傾向は強化されて、また特に社会党政権の時代は、社会党自体が民衆運動のいろいろな傾向を知っているのでとても操作が巧みなわけです。凍結してみたり、モラトリアムを設けてみたり、ある場所では計画を撤回してみたり、様々なポーズを取りながら結果的には原発政策を推進していく。もしかすると日本の政府にとって今後一番参考になるのは、この時期のフランスの社会党政権のやり方かもしれません。

例えば核廃棄物の最終処理場の建設に対しては

いたる所で反対運動がある。NIMBY（ニンビー）なんて批判はフランスではまったくありません。あんなものはアメリカの間違った発想だと考えられていて、ニンビー批判はフランスでは誰も聞く耳を持たない。このこと自体はいいことなのかもしれませんが、結果として当時の社会党政権は九〇年に最終処理場建設はモラトリアムということにする。これでガス抜きをされてしまって、脱原発運動の再建には結局つながらなかった。

『虫食いだらけの歴史』ではこう言われています。「災害の不可視性を組織することで、推進派は災害のシミュレーションを敢えて行うという新手の否定論［アウシュヴィッツにガス室はなかったという否定論が暗に参照されています］を発明してメディアの注目を独占し、このような危険に対して最終的に頼りになるのは国だけだという考えを人びとに植え付け、チェルノブイリ級の事故は起こり得るが、長期間汚染された土地に住んでもさして支障はないと、平然と説明した」。

これはまさに今日本で、福島で起きつつあることです。実際にシミュレーションが行われる可能性もあります。この間福島に登場している「エートス・プロジェクト」の動きなども、実はこの辺りのことから出て来ているのです。

もう一冊、『公害百科』派からは『カタストロフィ主義』という本が出ています。ルネ・リーゼルとハイメ・センプルンの共著です。ルネ・リーゼルは九〇年代の初めあたりまでジョゼ・ボベと共闘していました。農村に住み、牧畜を生業としている人です。彼は古株のシチュアシオニストでもあり、マクドナルド店破壊闘争の後、ジョゼ・ボベのメディアへの露出が多くなると袂を分かち、反緑の党の立場を鮮明にしていきました。牧畜業者には狂牛病の予防注射が国から義務付けられているのですが、彼はそれを一切拒否し、有罪になって収監されたりしながら、国家の司令に徹底的に抵抗している。こういう事柄で不服従を貫けなければ、本当の反公害闘争は前進しないという立場だと考えていいでしょう。

もう一人のハイメ・センプルンはホルヘ・センプルンという作家の息子です。ご存知の方もおられるかと思いますがスペイン内戦後にフランスに亡命した共産主義者で、ブーヘンヴァルトで収容所生活を経験しています。「文学に何ができるか」というサルトルを中心とした六〇年代の重要な論争に唯一共産党員として参加し、後には『薔薇のスタビスキー』や『戦争は終わった』といったアラン・レネの映画のシナリオをいくつも手掛けています。息子のハイメは六八年には最年少のシチュアシオニストでした。四年後に二一歳で除名されるのですが。

シチュアシオニスト系のエコロジー批判のロジックは、この本に集約的に現れています。それをこれから見ていきたいと思います。

彼らが一括して「黙示録主義」と名づけるエコロジー思想は、地球温暖化派、資源枯渇派、環境汚染派、カオス派など、いくつかの種類に分かれる。地球温暖化派というのは周知の通り、CO2を出さないためには原発がクリーンですよという結論につながってしまいかねない環境問題の語り方です。結局国家、企業、消費者の規律に問題を還元してしまう傾向を持っています。資源枯渇派は化石エネルギー、水、耕地、生物多様性の稀少化ということを強調しますが、解決の主体や手法は基本的に地球温暖化派と同じです。さらに環境汚染派は一人一人に衛生主義的な強迫観念を植えつけ、禁煙などが典型ですが、全部個人の責任、自己責任にしていく。そして健康食品の市場形成を促進する点で資本主義とも親和的である。最後にカオス派。地勢学的な危険が強調されるとき、資源の争奪戦であることが隠蔽される。それが反テロ戦争ということとも絡み合って、現在のマリの事態が起きているとも言える。ちなみにフランスのマリ介入の背景には、中国とのアフリカでの資源争奪戦があるとも言われています。

この四つの危機のそれぞれが深刻であるという

ことを、二人の著者は一方では否定していません。しかし、現状の問題提起の仕方では社会や国家を問題にできない。結局、資本主義内部での解決という話にしかならない。彼らが執拗に展開しているのはこういうタイプの批判なのです。

純粋戦争論

最後にヴィリリオの「純粋戦争論」を見ておきたいと思います。『民衆防衛とエコロジー闘争』。この本は一九七八年、つまり先ほどお話したフランスの反原発闘争の高揚期に出ています。この運動に伴走し、これを明示的に参照しながら書かれた数少ない理論的考察のひとつとして重要です。

これはかなり複雑な時代です。政治領域の文脈としてはまず左翼政治の軍事化が、一方で突出してありました。ヨーロッパではイタリアの「赤い旅団」や「西ドイツ赤軍」などの行動です。左翼政治とは軍事であるという考え方が少数ですが突出してあって、そのことが一因となってドイツやイタリアの政治的環境が一気に変わってしまう。いわゆる「鉛の時代」です。一方第三世界では「クメール・ルージュ」や「センドロ・ルミノーソ」のような、毛沢東主義を掲げて民衆虐殺に手を染める潮流の実態が明らかになりつつあった。この戦争マニアはどこから左翼思想に入り込んだのか。それがヴィリリオのこの本での問題意識です。他方でイタリア共産党はヴァチカンとの「歴史的な妥協」に向かい、そこからユーロコミュニズムが出て来る。フランスではアルチュセールが『共産党の中でこれ以上続いてはならないこと』を書く。とりわけ共産党に軍事的な構造があることをはっきり批判するようになる。そもそも「前衛」という言葉自体が軍事用語であるということが、チェックされるようになった時代でもある。ヴィリリオの知見で非常に重要なのは、ヴェトナム戦争の総括が非常に鮮明だということです。民衆の立場から見た場合ヴェトナム戦争は敗北だと彼は言う。

生活環境をあそこまで破壊されてしまったということは、世界の軍事史の中で最も残酷な敗北の一つであると。だからこそ最終局面は南ヴェトナムの民衆が蜂起するのではなく、ハノイから北ヴェトナム軍がサイゴンを攻め落とす形になった。あの戦争の終わり方に何を見るべきか。総力戦からさらに進み、ヴェトナム戦争は環境破壊戦争になった。遡れば、それは広島で始まったことだったのではないか。

昨日大学のゼミで沖縄、那覇市のおもろまちの新開発のことが話題になりました。沖縄戦の激戦地だった場所が新都心として開発されてしまったわけですが、沖縄出身の学生は「あそこは原っぱのまま残しておいた方がよかったのではないか」と言う。あの土地の下にはいまだ沢山の死体がある。さらに言うと、今後仮に普天間基地が返還された場合にも同じような開発が計画されるだろう。そのこと自体を問題にできる思想が今求められているのではないかというのです。

翻って原発の跡地などは、仮に廃炉になったとしても、十万年以上住めない土地になってしまっているでしょう。土地が防衛しても意味がないところまで破壊されてしまうという新たな事態。そのような時代に土地を失った民衆はどのように抵抗できるのか。ヴィリリオが「純粋戦争」と呼ぶのは要するに、土地を民衆が住めないように破壊する暴力のことです。イスラエルは現在、パレスチナ自治区やガザ地区を、もう人が住めない土地にするためにあらゆることをやっている。これが要するに「純粋戦争」であって、個々の戦闘行為を越えて民衆から生活条件自体を奪う、生活を不可能にする、取戻しても意味のない空間に変えてしまう。これはある意味で原発事故以後の福島について、権力の側が考えていることとある意味で重なっているのではないか。そこが一つのポイントです。

あと二点、簡単にお話しします。「純粋戦争」の批判と同時に民衆闘争の現代的意義をヴィリリオは強調します。地域住民闘争は活性化しつつある、しかしそれはいま言ったような理由で空間防衛という形を取りつつも、実は序々に時間の支配に対する闘いになってきているのではないかと考える。ヴィリリオの著作としては日本では一九八九年に『速度と政治』が最初に翻訳されていますが、基本的に「地勢学から時勢学へ」という方向付けがあって、資本権力はますます私たちの時間を奪おうとしてくるという見立てがある。インターネットなど、この角度から分析できることがその後どんどん起きてきますが、そういう状況を見越して空港建設反対などを闘争課題にすることは、ある意味で速度に対する闘いなのではないかと考える。そこでヴィリリオの三里塚闘争に対する評価が非常に高くなる。確かに一九七八年三月二六日の管制塔占拠闘争は、ほぼ人間を傷つけずに物を壊した闘争でした。同時代のフランスの反原発運動で「人を傷つけずに物を壊そう」と考えていた人々には、模範的な闘いに見えたかも知れません。

「民衆防衛」は元来生活圏保守の営みだった。ところがいまや「純粋戦争」が土地を居住不可能にする。あるいは速度の絶対化に向かう技術変革によって空間的差異を無意味にしてしまう。「他ならぬここ」ということに意味がなくなる。ひいては「民衆防衛」に意味がなくなる。そのとき、土地を喪失した民衆による攻撃ということを考えなくてはならなくなる。ヴィリリオにとっては、そこにこそ「革命的抵抗」が見出されるのです。

「純粋戦争、それは平和でも戦争でもない。それはかつてそう考えられていたような「全面」戦争や「総力」戦ではもはやない。それは日常の永続性における軍事的審級そのもののことなのだ。」日常の中に軍事的なものが入り込んでしまっているということですね。「恐怖の均衡、核兵器同盟、平和共存、そして最後には戦争状態の解消。」ある意味でかつてのような戦争がなくなる。しかし戦争はもう日常の中にいつでもある。「日常生活の挙措の中への軍事的なものの浸透につれて、狩猟者の変貌が辿り直される。」狩人と動物の関係から牧畜への進化と同じことが、今、政治権力と民衆の間で起きているのではないか、そういうアナロジーです。「野生動物との直接的な対峙から始まり、一定の動きの制御が徐々に達成される。それから犬の助けを借りた半野生の家畜群の見張り。そして最後には、繁殖と飼育。」フーコーが「生権力」という言葉で語り出したことと重なる認識を、別の理論的視座から、ほぼ同じ時期に、ヴィリリオはこのように位置付けていたと言ってもいいでしょう。

もう一つの「純粋戦争」の定義は、「純粋戦争とは、速度と軍事的な植民とであり、それゆえ時間の植民化、投影された社会の最終的な形而上学的形態である」というものです。こうした言葉遣いなので、これを実践に役立つ言葉に組み直すには、やはり二つ、三つ、間に言葉を入れて開いていく作業が必要だと思います。私はこの間、大阪の放射能汚染瓦礫広域焼却処理に反対する人たちが逮捕されたりした事態を見ていて、なぜ瓦礫の問題にあれだけの弾圧がかけられるのか、真剣に考える必要があると思っていました。向こうは最初からケンカ腰なのですね。福島と同じ基準を全国に適用していくという措置を、権力の側はきわめて真剣に追求しようとしている。それに対する活力のある抵抗運動に対しては、徹底的な弾圧が発動される。この感触から、私はヴィヴィリオの「純粋戦争」という概念を思い出したのです。

『民衆防衛とエコロジー闘争』は冷戦期の本ですから、ヴェトナム戦争以後国際的には大きな戦争がなくなっていく中で日常生活が軍事化されていくという整理でした。しかし湾岸戦争以降、別の形の戦争が起きる時代になり、やがて「テロとの戦争」が世界化されていった。「純粋戦争」論をこの状況のなかにどう位置づけ直すべきかという課題があります。もう一つは、フランスの場合、核保有から原発開発に向かった。つまり軍事から民生へ権力作用の移行があった。だから、ヴィリリオのような議論が出てきたわけです。核兵器と言っても、保有国の民衆も「核」自体はほとんど誰も見たことがない。いざという時に大統領がボタンを押すという抽象的な認識の対象でしかない。ところが原発となると、これはいたるところにある。ロワール川沿いにはいまや中世の古城と原発が同じくらいあるという状況になっていて、原発はフランスではもはや風景の一部です。放射能は見えなくても原発は見える。その意味でも日常生活に核技術が浸透してきていて、軍事か民生かという二項図式がもう機能しなくなっている。

　一方日本では、福島原発事故から安倍政権になり、改憲から核武装という正面突破が危惧される状況が出てきている。放射能という形で「核」が「身近」になったことが、民生から軍事へと、フランスとは逆の方向へ進む可能性を権力に与えているのではないでしょうか。そもそも原発開発が「純粋戦争」だったのだという補助線を引くと、この状況の本質が明確に規定できるかも知れません。被災地避難者の支援運動、被曝労働者の支援運動、汚染瓦礫広域焼却反対運動、改憲阻止闘争、そして反核兵器闘争等々、私たちが担っていくべき様々な闘争は今のところうまく繋がっていない部分もありますが、「純粋戦争」というこの概念が、こうした諸課題を正しく結合するために、もしかすると有効なのではないかと考えています。皆さんのご意見を伺えればさいわいです。

参考文献

Paul Virilio, *Défense populaire et luttes écologiques*, 1978, Galilée（P・ヴィリリオ『民衆防衛とエコロジー闘争』、河村一郎・澤里岳史訳、月曜社、二〇〇七年）

P・ヴィリリオ『速度と政治——地政学から時政学へ』、市田良彦訳、平凡社、一九八九年

Lionel Taccoen, *Le pari nucléaire français – Histoire politique des décisions cruciales*, L'Harmattan,

2003

Stéphane Lhomme, *L'insécurité nucléaire-bientôt un Tchernobyl en France ?* Yves Michel, 2006

Histoire lacunaire de l'opposition à l'énergie nucléaire en France – Textes choisis et présentés par l'Association contre le nucléaire et son monde, Editions La Lenteur, 2007

René Rissel et Jaime Semprun, *Catastrophisme – administration du désastre et soumission durable*, Editions de l'encyclopédie des nuisances, 2008

国境を超える歴史認識を求めて

韓国ユネスコ国内委員会主催「東アジアにおける歴史和解に関する国際青年フォーラム」(@ソウル・ユースホステル)における報告　2012年8月21日

東アジアにおける歴史的和解という重要なテーマについて、このような大切な機会にみなさんの前でお話をするようお招きいただいたことは大変光栄です。もっとも、これは私にとってやや気後れするような時間でもあります。一人の日本人の立場でアジア諸国、とりわけ台湾、韓国、中国、フィリピン、ヴェトナムから参加された若い方たちの前で歴史の問題についてお話することはかならずしも容易なことではありません。そこで初めに、私の年齢や職業上の立場にもかかわらず、今朝の私の役割は教師のそれではなく、この言葉のもっとも控えめな意味で証人のそれであるということを申し上げておきたいと思います。

二七年前、一九八五年の夏に、フランスのグルノーブル大学のキャンパスで、私はアジアの国々から来た何人かの青年と出会いました。韓国人、ヴェトナム人、中国人、そして日本人、つまり私の四人は、友人になってすぐに、アジアの未来について語り始めました。私たちのあいだでただ一人、当時すでに釜山大学で哲学を教えていた韓国人のチェ・ウーウォン氏の提唱で、私たちはこのテーマで一連の討論を組織しました。私たちの青春の会話の詳細に立ち入ることは控えますが、私たちには当時、私たちの地域の未来について考えるとき、目の前に非常に具体的な参照事例があったということは思い起こしておきたいと思います。それは構築途上にあった欧州連合です。

しかしながら、私たちはまもなく、この事例は、そこから極めて深刻な教訓を引き出すことなしにはお手本にできないことに気づきました。欧州連合の構築の条件がフランスとドイツの和解にあったとしても、それは過去二世紀の間に四回も闘われた戦争の後にようやく実現したのです。ナポレオン戦争、普仏戦争、二〇世紀の二回の世界戦争……。見習うべきモデルであるどころか、近代の独仏関係は、私たちには、当時のテクノロジーのレベルの低さゆえに許された「贅沢」のように見えました。この昨日の事例を明日のアジアで文字通り見習ったとしたら、永遠平和についての名高い論文の冒頭でカントが用いた表現通り、「墓場の平和」しか残らないでしょう。私たちの世代の使命は、そのとき、明瞭に定式化されました。現在の独仏間に定着していると考えられているのと同等のレベルの相互理解と信頼に、金輪際戦争をすることなく到達する道を見出すこと。この志は地域的な目標であるどころか、倫理的かつ政治的な意味で人類にとって真の挑戦を意味しています。ヨーロッパ史を参照するだけでは、その実現に至る確かな道を見出すことはできないでしょう。

この観点から、私たちは冷戦期の始まりに立ち帰り、ヨーロッパとアジアの間に並行的な展望を引き出す必要があります。このためには、政治的和解と歴史的和解という、和解の二つのカテゴリーを区別することが緊要であると思われます。冷戦における西側同盟の起源に、私たちは、第二次世界戦争における敵国間の関係正常化のための、つねに多少ともアメリカ合州国に誘導された一連の試みを見出します。この状況下では、歴史的真理は、大抵の場合等閑《なおざり》にされてしまいました。そのとき用いられた方法は全体主義体制のそれと酷似していました。そのため、ドイツ・ユダヤ人の政治哲学者ハンナ・アーレントは、一九六七年の論文で、それこそが三九―四五年の戦争のもっとも恐るべき帰結のひとつではないのかと自問するに至りました。

「こうしてわれわれはついには、フランスは先の大戦において戦勝国であり、したがって大国の一つであるとか、「ナチの野蛮行為はわが国の比較的わずかな部分にしか及ばなかった」とかいうような明白な非―事実に基づいて自分たちの基本政策を築き上げることのできた、ド・ゴールやアデナウアーのような驚くほど尊敬を博した政治家を眼前にする。こうした嘘はすべて、嘘の張本人が気づいているか否かには関わりなく、暴力の要素を潜ませている。組織的な嘘は、否定しようと決断したすべてのものの破壊へとつねに向かう。もっとも、殺人にいたる第一歩として嘘を語ることを意識的に取り入れたのは全体主義の統治のみである

が。」（「真理と政治」、『過去と未来の間』所収）

　この指摘は私たちにとって、少なくとも二つの理由から非常に重要です。第一に、今日ではヨーロッパのその後の構築につながった積極的な出発点とみなされている独仏間の和解が、実際には、同時代の人々が唖然とするような、トラウマにさえなりかねないような、厚顔無恥な嘘を必要としたという事実をそれは思い起こさせます。もっとも明白な事実の、なんらかの洗練された「イメージづくり」による変造は、全体主義体制が創始し、発展させ、大々的に活用したものです。しかし、第二次世界戦争後のコンテクストでも、いわゆる民主主義諸国によって、同じたぐいの政治手法が、始まりつつあった冷戦に対して西側同盟を急いで形成・強化するために平然と採用されたのでした。私が政治的和解と呼ぶことを提案するのは、第二次世界戦争の旧敵国間の、この種の外交上の正常化であり、それが一九四〇年代から一九六〇年代にかけての、西側の戦略の不可欠な支柱となったのです。

　私が最初にアーレントのこの貴重な洞察を参照した二番目の理由は、私たちには東アジアのコンテクストでも同様の考察を行う必要があるということです。私たちはそのとき、ドイツ人の大半はナチと協力しなかったとかフランス全体がファシズムと闘ったというような、アーレントが言及している諸々の嘘と同時代の、そしてそれらと比較可能なもっとも大胆な政治的嘘は、日本の天皇である裕仁が、アジア太平洋戦争にまったく責任がなかったという主張であることは容易に理解できます。この真理に反する主張が極東国際軍事裁判によって法的裁可を受けなかったとしたら、日本が連合国中の西側諸国と結んだ一九五一年のサンフランシスコ講和条約も、日本の独立と同時に締結された日米安全保障条約も、さらには一九六五年の日韓基本条約も、東アジアにおける西側のこれら戦略的同盟関係のすべては可能ではなかったでしょう。ここにはヨーロッパの場合とまったく同じ政治的和解の論理が働いていることが見て取れます。

私が信じるところでは、歴史的和解という概念は、私が政治的和解と命名した政治的操作から、少なくとも理論的に正しく差異化されない限り、十分に規定されえないでしょう。歴史的和解を求めた最初の挙措は、一九七〇年という遅い時期に、当時の西ドイツ首相ヴィリー・ブラント氏が、ポーランドのワルシャワ・ゲットーの記念碑の前に跪いたときになされたということは広く認められていると思います。この勇気ある行為は東欧諸国に対する彼の外交的アプローチの一部だったのですが、冷戦によって課せられた硬直した障壁を積極的に不安定化させることに貢献しました。それはまた、ドイツの公人が世界に向けて示した最初の改悛のサイン、一握りの悪人によってではなく、彼が属する国民の全体によって犯された戦争犯罪の犠牲者たちに対する赦しの求めともみなされたのでした。

私たちはここで、二つの理解の可能性の前に立っています。歴史的和解は、戦後直後にいくつかの国のあいだですでに実現した政治的和解の単なる継続、拡大、結局のところマイナーな修正であり、それを補完するものに過ぎないのでしょうか？　それとも、歴史的和解は、少なくとも潜勢的には、政治的和解の論理そのものを、その目的、方法、しかしまたその精神までも含めて、問い直すものなのでしょうか？　政治的和解と歴史的和解は、同じ言葉が用いられているとしても、実際には根底的に異質な二つの事柄なのではないでしょうか？　アーレントの指摘の重要性はここで完全に明らかになります。その名にふさわしい歴史的和解とは、恐るべき広がりをもって陳腐化されてきた政治的な嘘の実践と、はっきり袂を別つべきものなのです。

この意味で、アパルトヘイト以後の南アフリカにおける真実和解委員会の創設は、この根底的な方向性の変化にとっての決定的な里程標です。この委員会は新しい南アフリカ憲法によって、「過去の分裂を癒し、民主主義的諸価値、社会正義、そして基本的人権に立脚した社会を設立するために」要請されたものです。そのとき一つの独創的な手続きが採用されました。公的空間で罪を犯した者と被害者とが対面し、アパルトヘイト時代になんらかの政治的罪を犯した人々に、包み隠さず告白することと引き換えに恩赦が約束されるというものです。アンキー・クロッホがこの委員会の仕事についての彼女の古典的なリポート、『カントリー・オブ・マイ・スカル』（二〇〇〇年）で指摘しているように、「真実と和解の関係は南アフリカが想像していたよりはるかにより複雑である」としても、そして真実がつねに和解にとって好ましい効果を生み出すわけではないとしても、この二つの観念は、南アフリカだけでなく私たちの時代の地球上のどこにおいても、このプロジェクトの範例的性質のおかげで、原則として金輪際切り離しえないものとなったのです。

アパルトヘイトと闘う人々との国際連帯の努力のなかで、とりわけ一九七〇年代と八〇年代にユネスコが果たした重要な役割を思い起こし称えたいと思います。私も個人的に、一九八三年にユネスコが組織した移動展覧会『アパルトヘイト、否！』に参加しました。ロバート・ラウシェンバーグやウィルフレド・ラムといった世界のもっとも著名な美術家たちが作品を寄贈したこの展覧会は、一九九〇年から九一年にかけて、ネルソン・マンデラ氏がついに自由を取り戻したちょうどその時期、日本の各地で開催され、一〇万人を超える人々が訪れました。国家人種差別主義が人道に反する罪であるという思想は、国連人権委員会とユネスコが発展させ普及させたものです。それが南アフリカの新憲法の、そして真実和解委員会創設の法的土台ともなったのでした。

それでは同じ時期、とりわけ一九九五年、すなわち第二次世界戦争終結五〇周年の前後に、東アジアでは何が起きていたのでしょうか？　他の地域で歴史的和解の名において展開されていたこれらすべての努力と比較対照しつつ検討しなければなりません。この時期に二人の日本の政治家が発した談話は、それ以後誕生した諸政府の手で変えられることなく現在に至っています。まず、軍事性奴隷制のもとで生きることを強いられた韓国および他のアジア諸国の女性たちからの告発に答えて、河野洋平官房長官は一九九三年、この事態への日本軍の関与を認め、被害者に対する謝罪を表明しました。二年後には村山富市総理大臣が、アジア太平洋戦争における日本の戦争責任ばかりでなく、植民地支配と侵略による日本の犯罪もまた認めました。村山談話の重要な部分を引用します。

「わが国は、遠くない過去の一時期、国策を誤り、戦争への道を歩んで国民を存亡の危機に陥れ、植民地支配と侵略によって、多くの国々、とりわけアジア諸国の人々に対して多大の損害と苦痛を与えました。私は、未来に誤ち無からしめんとするが故に、疑うべくもないこの歴史の事実を謙虚に受け止め、ここにあらためて痛切な反省の意を表し、心からのお詫びの気持ちを表明いたします。また、この歴史がもたらした内外すべての犠牲者に深い哀悼の念を捧げます。」

村山談話のこの部分には、その一〇年前にドイツが到達したのと同じ歴史的和解の水準に、なんとか到達しようとした努力の跡がうかがえます。巨大な歴史的責任を前にした、個人的、主観的、情動的でさえある応答もまた記録されています。「植民地支配」に対する「反省」と「お詫び」は、ヨーロッパの旧植民地宗主国の政治家たちが、この時期にはまだめったに表明したことがなかったような仕方で表明されています。こうした進歩の徴から、村山内閣のなかに、歴史的和解が政治的和解から何によって区別されるのか、理解していた人々がいたことが察せられます。

しかしながら、村山氏の政府はこの精神を適切に行動に翻訳することに失敗したと言わざるをえません。歴史的真理の承認のレベルですら、昭和天皇の戦争責任の否認に村山氏が同意したとき、日本はその過去を、冷戦期の西側同盟の形成期に加えられたさらなる不正ともども、全面的に見直す機会を、残念ながら逸してしまいました。

軍事性奴隷制のサバイバーの方々による補償の要求への応答として、村山政権はアジア女性基金を設立しました。日本の世論がこの問題で深刻に分裂しているため国家補償を行うことができないという口実のもとに、日本の民間人から募った金を、彼女たちに受け取るよう求めたのです。この中途半端な解決策は、日本においても、またサバイバーの方々が暮らす国々においても、非常に有害な結果をもたらしました。日本の一般の人々は、問題はすでに過去のものだと考えがちで、歴史の教科書からは「慰安婦問題」の記述は一掃されました。アジア諸国では、アジア女性基金の活動は、サバイバーのあいだに多くの混乱と不和を引き起こしました……。

それでは、アジア女性基金はいかなる点で、致命的な誤りだったのでしょうか？私の考えでは、基金の計画者たちが、日本と被害諸国とのあいだの和解を、国家レベルでの政治的プログラムと考えていた点においてだと思います。彼らはこのプログラムの実現を優先し、補償と名誉回復をこの目的のための手段とみなしていたのです。

この態度を、多くのサバイバーの方々が、きわめて屈辱的に感じられたことは想像に難くありません。それに加えて、日本の政府も司法機関も、日本あるいは他のアジア諸国に住むサバイバーあるいはその子供たちが起こした訴訟を、日本人の市民権を持たないという理由、あるいは日本と彼女／彼らの国が結んだ条約締結後に請求権は失われたという理由で、一貫して棄却してきたのです。そのように振る舞うことで、日本の当局は、歴史的和解とは何か、政治的和解との違いがどこにあるかを知らないということを、行為遂行的に証明してきたことになります。

ここでもう一回南アフリカに立ち返り、国連人権委員会とユネスコの共催によって、この国のダーバン市で開かれた二〇〇一年の反人種差別国際会議がどんな結果に終わったかを想起することにしましょう。ご存知のようにこの会議は、主として三つのテーマをめぐる不和を残して終わりました。第一に奴隷貿易と植民地時代における奴隷制に対する補償の要求、第二にシオニズムを「人種主義の一形態」と定義すべきか否かという論争、そして第三に南アジアのカースト制度を人種差別との関連でどのように定義すべきかという問題です。この第一の要求に対し、旧植民地宗主国は拒絶のブロックを形成しました。そして日本はこのブロックに合流することを選択したのです。歴史的見解のこの激しい衝突は、この会議の閉幕後数日にして起きた〈9・11〉事件によっていわば覆い隠されてしまったのですが、かつての植民者の側と被植民者の側のあいだの亀裂は、私たちの世紀の始まりにはっきりと現れていたのでした。この会議の組織者にとって、アパルトヘイトの廃止後に、グローバルな規模での歴史的和解の条件を探るため、このような取り組みを企画することは自然なステップでした。私は日本とアジアの近隣諸国のあいだの領土紛争を、ダーバン会議で露わになったのと同様の、歴史的知覚の断絶の問題として解釈しています。

さきほど私は、日本の政府や裁判所の過去に対する態度を分析する際に、「行為遂行的に」（performatively）という副詞を用いました。アジアの人々からの訴えを退けることで、政治的和解とは本質的に異質なものとしての歴史的和解が、私たちの地域の将来にとって必要不可欠であることを、日本は知らないのだということをみずから示しているのです。同様に、領土に関するなんらかの主張、例えば独島《ドクト》（竹島）の帰属等に関する主張を正当化するために、日本が一九世紀末ないし二〇世紀初頭の文書を持ち出してくるたびに、私はこのふるまいを、古い帝国的自己像への愛着のサインと読みます。しかし、この時期の国際法の原理がどれほど深くヨーロッパ列強の利害に規定されていたかを知るならば、このような「証拠」を現在の紛争に決着をつける
ものとして受け入れることはできません。私たちに必要なことは反対に、これらの紛争の可能な解決を探求するための予備作業として、帝国主義と植民地主義の論理の全体を問い直すことです。この論理が覇権的だった時代の世界は西洋諸国がその大部分を支配していたのであり、日本はそこにみずからの勢力圏を確立しようとしていたのでした。

日本の場合歴史的和解の必要は、旧植民地国や戦時における軍事的侵略の被害国だけでなく、現在日本の市民権を持っているか否かを問わず、国内の民族的マイノリティとのあいだでも感じられます。北海道のアイヌ民族と沖縄の琉球民族は、台湾と朝鮮の数十年前に日本の植民地支配を蒙り、現在は法的に日本の国家体制に統合されています。しかしこれらの人々は様々な形で今も差別を受けており、日本人がこれらの人々との歴史的関係を再考しないかぎり、苦悩の終わる日は見通せません。そして、「内部的」（internal）ではあるけれども「国内的」（domestic）とは言えないこの歴史的和解の問題が提起されるかぎり、日本の領土主張は、少なくともクリル（千島）列島と釣魚台（尖閣列島）に関しては、ただちに全面的取り下げとはならないまでも、先住民族の正当な権利を考慮することで、主張の内容をすっかり組み替える必要があるでしょう。残念ながら私たちは、この望ましい段階から、いまだはるか遠く隔たっています。

さて、東アジアには歴史についてこのような非対称的な近隣関係の構造があることが確認された今、歴史的和解についての私たちの考察の第二段階に進むために、現在の国際法の概念は、「国境」（border）や「領土」（territory）といった基本的なものも含め、すべてヨーロッパ的起源を有しているという事実に、みなさんの注意を促したいと思います。欧州議会の所在地ストラスブール在住のフランスの哲学者であるジャン＝リュック・ナンシーによれば、国境という概念には〈額を付き合わせて対峙する〉

(confrontation)という観念が含まれています(「形象、色彩」、『ヨーロッパの欲望』所収)。ヨーロッパでは比較的狭い空間にきわめて多くの民族が踵を接して暮らしてきたのであり、二つの共同体のあいだの地上に線を引くということは、この線を共同で管理する必要があるということだけでも、この線の分有を意味しています。

二つの共同体間の紛争がいかに激しくとも、「われわれ」と「彼ら」を分かつ境界はまた、敵同士のあいだに逆説的にも奇妙な仲間意識が生まれる場所でもあります。私たちはここで、歴史上もっとも長期の休戦ラインから五〇キロメートルの距離にある首都にいるのですから、そのことを思い起こしさえすれば、この逆説をこれ以上強調する必要はないでしょう。

しかし、国境が具体的に〈額を突き合わせて対峙すること〉と人口の稠密さを前提とする人為的な構築物であるとすれば、このようなものを、どうしたら海上に設立することができるでしょうか? 流動的なエレメントに、どうしたら政治的な線が引けるでしょうか? 海上での対峙は恒常的ではなく偶発的であり、時には災厄につながりかねず、いずれにせよ抽象的なものです。海の国境はけっして分有の経験を与えないでしょう。ドイツの政治学者カール・シュミットが『大地のノモス』(一九五〇年)で指摘したように、ヨーロッパ公法が大陸から大洋に拡張されたとき法学者たちは沢山の本質的な難点にぶつかりました。それは領土、territoryというものが、そのラテン語の語源であるterraからして、なによりまず土地を意味しているからです。だからこそ、現実の物質的利害と歴史的な争点がかかっているとしても、海上の領土紛争にはどこか悲喜劇的な様相がつきまとうのです。

さて、ここで少しばかり、私の教師としての経験をお話ししたいと思います。アメリカ合州国がイラク戦争を開始した年である二〇〇三年から、私は大学で語学を教えている同僚たちと、「平和と文化」という講義名の一連の授業を組織しています。この講義の目的は、文化的実践の重要性を特に強調しながら、学生たちに最低限の現代史の知識と、平和について考える機会を与えることにあります。

例えば二〇〇七年には、私は最初に、平和を望む可能な三つの形を示しました。㈠「私は今・ここの平和を維持したい」㈡「私は平和をずっと持続させたい」㈢「私は平和をあらゆるところに行き渡らせたい」。そして学生たちに、これらの望みが各自の心のなかで、互いに正しくつながっているかどうか検討するよう求めました。私にとってこれは、平和への関心のなかにある時間的な、また空間的な距離を、学生たちに意識させる一つの方法でした。

二〇〇八年には、政治的抵抗の歴史へのイントロダクションとして、「抵抗」という言葉の多義性に、学生たちを敏感にさせることを試みました。物理学や日常生活で「抵抗」という言葉が持つ意味と比較して、この言葉の政治的な意味にはどんな特殊性があるのか、理解してもらいたかったのです。若者たちに歴史的和解の問題に関心を持たせるためには、今日の日本ではこのタイプのアプローチが必要であると私は確信しています。なぜなら、政治における集団的経験を日頃縁遠く感じるあまり、他の国々の経験が自分と関係があるということを、日本の若者たちはほとんど想像できないからです。

しかし今年は、非常に意味深い変化の兆しが認められました。東北の地震と福島の原発事故に応答するため、「平和に生きる権利」という総題を掲げ、自然災害および産業災害の脅威を、さまざまな角度から扱いました。とりわけ東北の朝鮮学校のドキュメンタリー映像を見せたとき、朝鮮学校の先生や生徒が日本人被災者の救援活動に非常に熱心に取り組んだにもかかわらず、地方自治体がいかに冷酷に朝鮮学校の安全を無視したか、理解できた学生たちがいたことは小さな喜びでした。一般的に、原子力発電所にせよ被災地の復興にせよ、学生たちのあいだの意見はかつてなく分裂しているように見受けられます。こうした状況のもとで、歴史的和解にとっての新しいアプローチが、同時に要請もされ、可能になってきてもいるように感じています。

さきほど私はアパルトヘイト体制の廃絶のプロセスで国際社会が果たした肯定的な役割に言及しました。ここで、この世界規模の支援はまた、全世界が、しかしとりわけ第二次世界戦争終結後に制定された国家人種差別主義のおぞましさに衝撃を受けたヨーロッパ諸国の、責任の感覚に動機づけられてもいたことを思い出しましょう。ヨーロッパ諸国は事実、南アフリカという名の鏡に、いわば西洋の全歴史を見たのです。私はこの事例は一般化されるべきだと考えています。今日の世界ではどんな紛争も、人類史の全体を、なんらかの仕方で反映し、圧縮しているからです。このことは、地域紛争のどんなケースについても国際社会の関与が、物質的利害や力関係への顧慮を超えたかたちで要請されるということを意味します。

ここで私は、国際的な協力の不十分性のゆえに、もっと悪いことには仲介者の不誠実のゆえに、歴史的和解のための努力が暗礁に乗り上げてしまった典型的な事例に言及しないわけにはいきません。イスラエル＝パレスチナ紛争のことです。一九九三年にオスロで生まれた微かな希望と相互信頼の脆弱な芽は、ご存じのように、多くの複雑な理由のために生長することができませんでした。しかし私は、ここで、ヨーロッパ諸国、ドイツばかりでなくイギリス、フランス、スペイン、ロシア等のこの紛争に対する歴史的責任は、非常に不十分にしか認められず、それゆえ引き受けられることもなかったということを指摘したいと思います。イスラエル＝パレスチナ紛争の本質的原因はヨーロッパ総体の反ユダヤ主義であり、きわめて長いその歴史の結果のために中東の小さな民族が苦しまなければならないこと自体、すでに恐るべき不正なのです。

ここでもうひとつ、一般に信じられていることとは反対に、歴史のなかで私たちは、歴史的和解のためのメッセージを、抑圧者の側よりも被抑圧者の側に、より頻繁に見出すということを指摘したいと思います。ここでもまた、ポスト・アパルトヘイト期の南アフリカとネルソン・マンデラ氏の思想は範例的です。この場合には、繰り返しますが、国際社会はこの可能性に気づき、成功裏にそれに力を与えることができました。しかし私たちは、ヤーセル・アラファート氏もまた、一九七四年の国連総会での有名な演説以来、イスラエルに対し、ともに平和にチャンスを与えること、和解のための共同の努力を開始することをつねに提案していたことを知っています。そして今、一九一九年三月一日に朝鮮の民衆が発表した独立宣言をふたたび、あるいは初めて読んでみるならば、私たちはそこに、自由と平和な生活を求める非常に類似した普遍主義的な希求を、日本人に対する人道主義的な呼びかけとともに見出すでしょう。それでは、イスラエル人にせよ日本人にせよ、このような呼びかけに耳を貸そうとしない人々に対し、ここに賭けられているものが、物質的利害とか好感や反感といった定めない感情を超えて、彼らの存在そのものにかかわっているということを、用いうる限りのあらゆる文化的手段に訴えて、どのように理解させればよいのでしょうか？　最後にもう一度、それぞれの過去に対するスタンスについての、ドイツと日本の対照に立ち返ります。一九八五年、西ドイツ大統領リヒャルト・ヴァイツゼッカー氏は、「荒野の四〇年」というタイトルで今や広く知られているスピーチを行いました。その機会に彼は、今やみずからの非行、犯罪、責任を認めることができるようになった、ドイツ国民の深い倫理的潜在力をあらためて肯定することができました。一九九五年、日本はこのバーをクリアすることに失敗しました。私たちの国を代表する人々の精神には何が足りなかったのでしょうか？　この問いは私につきまとって離れません。今では私は、それは、取り返しがつかないことをしてしまったことに気づいたときの、大きな悲しみと絶望をともなう、或る恐ろしい感情だったのではないかと考えています。

まことに逆説的なことに、なされたことは償いえないと明確に認められた場合に限り、人は義務感を超えて償おうとする、抗い難い、不可能な欲求に突き動かされるのです。今や私たちは、日本大使館前での水曜デモの千回目の日に設置された平和の少女像を撤去しろという受け入れ難い要求を、なぜ日本政府が繰り返すのかを理解することができます。この小さな像は、大使館の壁の後ろに隠れている人々のあいだに、取り返しがつかないものを前にした、巨大な、堪え難い感情を引き起こしたのではないでしょうか。彼らが速やかにこの恥ずべき態度を改め、償おうとする欲求に目覚めることを希望しましょう。

パレスチナが最近ユネスコへの加盟を認められたこと、ベツレヘムの生誕教会が世界遺産に登録されたことは、私たちの時代のもっとも喜ばしいニュースのひとつです。国連にはまだ議席がないけれどもユネスコへの加入は認められた国が、過去にもいくつかありました。日本もそうした国の一つでした。国連加盟の五年前、一九五一年、「戦争は人の心の中で生まれるものであるから人の心の中に平和のとりでを築かなければならない」とユネスコ憲章に謳われた理想に深く感化され鼓舞された強力な市民運動の結実として、日本はユネスコ加盟を認められました。この運動に関与した知識人や学生たちがまた、日本外交にとって当時喫緊の課題だった講和問題に関して、全面講和、すなわちソヴィエト連邦や新しく誕生したばかりの中華人民共和国を含む、アジア太平洋戦争の全戦勝国との講和を支持したことは驚くに当たりません。冷戦の論理にその始まりの時点で、彼らがこのように抵抗を試みたことは特筆すべきことです。

この時代の学生ユネスコ運動のなかで私の両親は出会いました。この意味で、私はユネスコの子供です。残念ながら二人は最近、父は二〇一〇年、母はこの六月に、他界してしまいました。二人は青春の日の理想につねに忠実でした。このスピーチを父母の思い出に捧げることをお許しください。

最後に、韓国のユネスコ全国委員会に私を推薦してくださった徐京植先生に、そしてこの素晴らしいフォーラムの実現に尽力された方々全員に、この望外の機会を与えてくださったことを深く感謝いたします。またアジア諸国から参加されたすべての若い方々、しかしまたアメリカ合州国からみえた方々にも、ご臨席、ご静聴いただいたことを心より感謝いたします。

（翻訳・鵜飼哲）

歴史と経済のはざまで
——二一世紀の東アジアにおける〈羞恥〉の分／有

2016年6月17日@全南大学（光州、韓国）

今回は「新自由主義時代の感情のテリトリー」の第七回目のシンポジウム、「恥の反省性について」にお招きいただき、一言ではとても言い尽くせない感謝の気持ちを抱えてこちらに参りました。しかもシンポジウムの冒頭に「キーノートスピーチ」という大役を与えられ、非常に名誉なことと痛み入るとともに、私にとって初めてのこの経験が深い不安を伴っていることも、最初にお伝えしたいと思います。「名誉」と「不安」は、今日の私たちのテーマである「恥」の問いと、おそらく切り離せない関係にあるように思われます。後に詳しくお話させていただく『菊と刀』（一九四六年）という書物のなかで、著者のルース・ベネディクトは、「恥」について次のような定義を与えています。

「恥は他人の批評に対する反応である。人は人前で嘲笑され、拒否されるか、あるいは嘲笑されたと思いこむことによって恥を感じる。いずれの場合においても、恥は強力な強制力となる。ただしかし、恥を感じるためには、実際に他人がいあわせるか、あるいは少なくとも、いあわせると思いこむことが必要である。ところが、名誉ということが、自ら心中に描いた理想的な自我にふさわしいように行動することを意味する国においては、人は自分の非行を誰一人知る者がいなくとも罪の意識に悩む。そして彼の罪悪感は罪を告白することによって軽減される。(1)」

「名誉」はこのように、ベネディクトにとって、彼女が「罪の文化」「恥の文化」と呼ぶ異質な人類学的構造を横断する、人間社会に共通の価値であることが分かります。のちほど分析を試みるように、ベネディクトは、「罪の文化」のなかでは人は内面化された「理想的な自我」の像を尺度としてみずからのふるまいを律するのに対し、「恥の文化」のなかでは自己の外部の他者のまなざし、評価、評判を恐れて行動すると考えているのですが、しかしそれはいずれも、「名誉」を求めてのことなのです。

「名誉」とは何でしょうか、「罪の文化」「恥の文化」のどちらに属していようと人間が求めずにはいられないとされる「名誉」とは？　それは、近いけれども同義ではないもうひとつの言葉、「尊厳」と、どのように異なっているのでしょうか？

「恥」をそれとして論じ始める前に、私は明らかに、私たちが取り組むべき問題領域を広げようとしています。それは、今日のシンポジウムのタイトルにいみじくも言われているところの「恥の reflexivity」、その「反省性」「反射性」に幽閉されてしまわないための用心に似たものかも知れません。それと同時に、この場で「キーノートスピーチ」を行うことを求められた研究者が日本人であるということとも、おそらく無関係ではないでしょう。西洋人が典型的な「恥の文化」として規定しようとする日本文化が、果たしてそのように呼ばれるにあたいするかどうか、韓国、朝鮮、そして中国の人々は、もっとも深い疑いを持つ権利を持っているからです。

私は、したがって、このような状況における私自身の歴史的規定性を、最初に可能な限り明確にすることに努めなくてはなりません。「恥」の問いをひとつの歴史的展望のうちに位置づけ、私がいまその眼と耳の前に身を置いている方々、この場においでのみなさんと、「恥」という問いを「分有」することができるために、まずそこから始める必要があるでしょう。

「時効なき羞恥」

一九八五年四月二一日、かつてナチスの絶滅収容所があったベルゲン・ベルゼンで、ドイツ連邦共和国、当時の西ドイツの首相ヘルムート・コールは、次のような発言を行いました。

「ドイツは歴史の前に、ナチの暴虐が引き起こした被害に対する責任を負っています。この責任はまた、時効なき羞恥のなかで表明されるものです。(2)」

この日付以前、一国の政治指導者の口からこのような表現が聞かれることはまずありませんでした。政治的立場の違いを問わず、政治指導者は、国民の「誇り」「名誉」「自尊心」を高揚させることを使命としています。ましてコールは右派キリスト教民主党の党首でした。しかし、逆説的にも、彼のような保守的立場の人物の発言のなかにこそ、この時期のドイツ社会の記憶のありようが、はしなくも浮かび上ったように思われます。

公の場で自分および自分が属す集団の「恥」を告白することは、それ自体、かならずしも恥ずべき行為ではありません。この「時効なき羞恥」という言葉には、私たちの考察の出発点となるべき、重要な時代の刻印がきざまれています。「時効」とは、自己の責任が時間によって解除されることです。時間によって、罪が追及される時間を限定する制度的な取り決めによって、いずれにせよ自分以外の他者によって、放免されることです。したがって、コールが行ったように、自分たちドイツ人の「恥」には時効がないと宣言することは、自分たちの責任が他者によって解除されることを拒否することを意味します。ドイツは「人類に対する犯罪」を、すなわち時効なき罪を犯しました。しかし、この罪が他者から免罪されることを潔しとせず、逆にこの刑法概念の精神を引き受けるとき、人はみずからの「尊厳」を肯定することができます。他者の助けを受けずとも、自分たちは自分たち自身で、独力で立ち直ることができる――私はかつて、戦後四〇年の西ドイツが示したこのような姿勢を「自負の戦略」と呼んだことがあります。それはこの国が、自律的な倫理的再生に、戦後国家の「名誉」を賭けたことを意味していました。(3)

この同じ年、一九八五年、日本では「戦後政治の総決算」を掲げた中曽根康弘が、首相として初めて靖国神社を公式参拝し、「国民国家は汚辱を捨て栄光を求めて進む」という講演を行いました。この言葉は、日本の保守派にとっての戦後日本の「栄光」が、大日本帝国の戦争責任、植民地支配責任を「汚辱」として否認しなければ得られないものであることを語っています。それから三〇年後、現在の日本の首相安倍晋三は、韓国の朴槿恵政権(当時)に、けっして賠償とは認めない一〇億円の公金拠出と引き換えに、日本軍性奴隷制の責任問題(いわゆる「従軍慰安婦問題」)が「最終的かつ不可逆的に解決」したとみなすことを認めさせ、同時にソウルの日本大使館前の「平和の碑」の少女像の撤去を要求しました。

これは加害者が被害者に、「時効」を強要することにほかなりません。二〇一五年一二月二八日のこのいわゆる「日韓合意」が意味していることは、日本が歴史上の責任を直視することを回避し、倫理的再生の主体たりえないみずからの不能の上に居直って金銭による解決を強要し、被害当事者の「尊厳」をさらに深く傷つけているということです。日本ではリベラル系といわれるメディアまでがこの「合意」を歓迎し、「慰安婦問題」は解決したという誤った理解が広がっています。安倍自民党を支持する日本社会は、帝国的自己像との無意識の同一化を断ち切れず、アジアの人々のまなざしの前で「恥」を告白し、そのことを通して「名誉」を回復する道を進みえないために、知的、倫理的崩壊の危機に直面していると言わざるをえません。

歴史の問いと経済の問い

それにしても、ひとつの国家がひとつの彫像をこれほど恐れるとは、なんと奇妙な事態でしょうか。私は寡聞にして歴史上に他の例を知りません。日本国家は、「平和の碑」の少女像に、みつめられることに耐えられないのです。このことは、今日の私たちのテーマである「恥」についての考察に、ふたつの示唆を与えます。ひとつは、歴史問題に対して日本政府が示している「恥知らず」な態度は、彼らが「恥」を感じていないことにではなく、感じずにはいられない「恥」の、暴力的な否認に起因しているということです。恥じることを恥じるというこの情動に特有の反射性が、そこに働いていることが認められます。もうひとつは、「恥」がまなざしの経験であること、そしてそのまなざしは、かならずしも人間の、生存し、現前している人間のまなざしには限定されないということです。彫像のまなざし、肖像のまなざし、死者のまなざし、動物のまなざしの前でも、人は「恥」を覚えることがありえます。

東アジアの二〇世紀はその前半に、この地域唯一の軍事帝国主義、植民地主義国家だった日本が一方的に覇権を行使し、巨大な歴史的責任を負うに至りました。世紀の後半には、日帝の敗滅、植民地の解放と独立、戦後日本国家のアジア諸国との国交正常化、体制間矛盾の終焉、アジア諸国の民主化と経済発展によって、地政学的条件が大きく変化しました。歴史的、通時的な軸では日本は責任を独力で負わなければならず、世代を超えた記憶の継承によって、再び過ちを犯すことを防ぐ義務があります。この意味で、東アジアに刻まれた歴史的な〈恥〉に対し、私たちは非対称的な位置にあります。

他方、二一世紀初頭の東アジアを共時的な軸で見るならば、新自由主義的資本主義の圧力によって、すべての国で貧富の差が拡大し、民衆生活の困窮が進行し、共同体的紐帯が破壊され、かつて経験したことのない質の社会的な〈恥〉が、急速に浸透しているように思われます。また、このような経済的状況はこの地域では、アメリカ合州国の軍事的プレゼンスという政治的要因と密接につながっており、「アメリカのまなざし」のもとに呪縛されているという歴史的条件に起因する〈恥〉も、分析することが求められるでしょう。この意味では、私たちは、現代東アジアにおける〈羞恥〉の「分有」を、フランス語の partage という言葉の翻訳である「分／有」という表現に含意されている非対称性を強調するという条件で、語ることが可能でもあり、必要でもあるでしょう。

『菊と刀』と東アジア

ベネディクトの『菊と刀』はもともと、アジア・太平洋戦争後の連合軍の対日政策を方向づける任務を帯びた戦略的な研究書でした。宣戦布告抜きの奇襲（真珠湾）、侵略した地における凄まじい虐殺や兇行、捕虜の虐待、特攻作戦等、戦争遂行過程における日本軍の、アメリカ人の理解を超えた行動の数々を説明するために、ベネディクトは日本固有の「文化の型」を描き出すことに努めました。日本は「恥の文化」の特徴をもっともよく示す国として提示され、それに対してアメリカは、西洋諸国中でも「罪の文化」を代表する国として位置づけられます。彼女の記述にはキリスト教プロテスタンティズムに特徴的な内面的規範の優位という信念が貫かれているとともに、儒教および仏教の日本による受容の特徴も考慮されています。例えば日本の武家文化のなかで、儒教的な徳が、主君に対する「忠」が親に対する「孝」を圧倒するに至るまでどのような変容を遂げたのかが分析されており、そこには戦勝国である朝鮮および中国に対してもまた、日本文化を差異化して規定しようとする意図が認められます。

しかし、「罪の文化」と「恥の文化」という二分法は、一九五〇年以降の冷戦期の体制間矛盾のなかで、やがて西洋対非西洋という既存の分割線と重ねられ、西側の近代主義的発展説を正当化するための論拠として、覇権的なイデオロギー性を帯びていきました。(4) この図式においては「罪の文化」が理性的、近代的であるのに対し、「恥の文化」は感情的、前近代的とみなされる傾向があり、異なる文化の間に上下関係を想定する「文化的レイシズム」に近似していきます。半世紀以上の時を経た今日、東アジア諸国の経済発展と物質的な近代化、工業社会、ポスト工業社会への変容ののち、少なくとも日本においては、「恥の文化」から「罪の文化」への「進化」も、近代的主体の確立も生じていません。そのような「進化」が生じていたとしたら、安倍政権の誕生は、そもそもありえないことだったでしょう。このふたつの「文化の型」をベネディクトのように截然と分割することも、それらのあいだに進歩主義的な発想に立って優劣の序列をつけることも、現在では歴史の検証に耐えません。

『菊と刀』の出版当時、民俗学者の柳田国男は、日本にも仏教の受容にもとづく固有の「罪の文化」があることを主張してベネディクト説を批判しました。この「罪の文化」においては女性がより罪深い存在とみなされ、厳しい抑圧を受けてきたことも指摘しています。このような「罪の文化」は近代的なエートスとはおよそ無縁であり、フロイトが「共同体の超自我」(『文化のなかの居心地の悪さ』)と呼んだものとの葛藤は、一神教世界とは別様に、しかし相当の苛烈さで、ジェンダーによる深刻な差別化をともなって生きられてきました。ここではとりわけ、朝鮮および中国の歴史的現実との比較論的考察が、強く求められることでしょう。[5]

「人間であることの恥」

一方二〇世紀後半の西洋思想には、「罪の文化」という自己表象を問い直し、ある種の〈恥〉の経験を積極的に思考しようとする試みが、少数ながら現れました。戦争終結四〇周年のドイツで、戦後世代の政治指導者から、自国が犯した「人類に対する犯罪（crime against humanity）」に関して「時効なき羞恥」が語られた裏には、ナチスの絶滅収容所で被害者側が経験を強いられた「人間であることの恥」という、特異な情動の発見がありました。ユダヤ人としてアウシュヴィッツに収監されていたイタリア人のプリーモ・レーヴィは、ソ連軍による解放直後の光景を、のちに次のように語っています。

「彼ら〔ソ連軍兵士〕はあいさつもせず、笑いもしなかった。彼らは憐れみ以外に、訳の分からないためらいにも押しつぶされているようだった。それが彼らの口をつぐませ、目を陰うつな光景に釘付けにしていた。それは私たちがよく知っていたのと同じ恥辱感だった。〔殺される者と生かしておかれる者の〕選別の後に、そして非道な行為を見たり、体験するたびに、私たちが落ち込んだ、あの恥辱感だった。それはドイツ人が知らない恥辱感だった。正しい者が、他人の犯した罪を前にして感じる恥辱感で、その存在自体が良心を責めさいなんだ。世界の事物の秩序の中にそれが取り返しのつかない形で持ち込まれ、自分の善意はほとんど無に等しく、世界の秩序を守るのに何の役にも立たなかった、という考えが良心を苦しめたのだ。[6]」

収容所からの生還者が、被害者であるにもかかわらず、加害者である人々と、自分が人間として同類であることに対して覚える「恥」が、ここに証言されています。このような「恥」は、生還者たちが残りの人生を、人間のあいだで過ごすこと自体を極度に困難にしました。それは、レーヴィを含む多くの人々が、長年心を蝕まれた末、みずから命を絶ってしまったほど破壊的なものでした。「人間であることの恥」という表現が衝撃的なのは、それが「人間としての恥」と異なり、この表現の主体が自分の人類への帰属を、もはや肯定できないところまで追い詰められていることを示すからです。その意味で「人間であることの恥」はヒューマニズムというものの限界を、取り返しのつかない仕方で露呈させたとも言えるでしょう。例えば「日本人であることの恥」であれば、私は普遍的人間の立場に立って表明することが可能です。それは端的に、人類のなかに「日本」の外部があるからです。しかし、「人間であることの恥」を語ったとき、レーヴィにはもはや、人間の世界のなかに、安んじて身を置くことのできる場所はありませんでした。(7)

レーヴィのこの証言に衝撃を受けたフランス人の哲学者ジル・ドゥルーズは、晩年の著作で、「人間であることの恥」を罪悪感から峻別し、従来の人間性の基準に照らせば劣位とされる(動物を含む)「少数者」への、主体の生成変化を駆動する情動として位置づけました(『哲学とは何か』)。(8)また、第一次大戦時にオスマン・トルコに対するアラブ民族の叛乱に関与したイギリス人の情報将校T・E・ロレンスの回想記『知恵の七柱』を論じた文章では、ロレンスがアラブ人に対して感じていた「恥」について考察を加え、彼の性格に根ざすとされる「存在することの恥」にまで論及しています。

「彼はアラブ人に対してあらゆる恥を覚える。変装していることの、彼らの悲惨を分かち合うことの、彼らを指揮することの、彼らを騙すことの恥……。彼はアラブ人を恥じ、アラブ人のために恥じ、アラブ人に対して恥じる。しかし、恥というものを、ロレンスは、おのれのうちに、たえず、生まれたときから、性格の深い構成要素のように携えていた（…）。[9]」

またもう一人のフランス人の哲学者ジャック・デリダは、動物、例えば猫のまなざしの前で裸であることの〈恥〉の経験を語り、この自伝的証言から、西洋思想の人間中心主義を問い直す（彼の言葉では déconstruire「脱構築＝解体する」）ための強力なモチーフを引き出しました。「恥」という情動に固有の反射性が、ここではとりわけ強調されています。

「（…）それは独自な、唯一無比の経験、動物の執拗なまなざしの前に、真に裸で現れることが持ちうる、あの無作法さの経験である。（…）それはあたかも、私が、そのとき、猫の前で、裸のまま恥じているかのようなのだ。しかしまた、恥じていることを恥じているかのようでもある。恥の反射、おのれ自身を恥じる恥の鏡、同時に鏡像的であり、正当化不可能であり、告白不可能であるような恥の。（…）[10]」

この二つの例は、二一世紀が洋の東西を問わず世界的な〈恥〉の時代であり、どの文化、どの地域で〈恥〉の経験を思考しようとしても、どこかで「人間であることの恥」の問いに突き当たる必然性を告げているのではないでしょうか。新自由主義的資本主義のイデオロギーも、煎じ詰めれば、極めて限定的な、ある「人間」観の強要にほかなりません。

〈恥〉の精神分析

戦後四〇年の西ドイツでコール首相が「時効なき羞恥」を語ることができたのは、フランス人の精神分析家ルネ・マジョールによれば、それが自分の〈恥〉ではなく他者の〈恥〉、彼自身がもはや同一化していない、先行世代の〈恥〉だったからです。〈罪〉とは異なり〈恥〉の場合、自分以外の者の〈恥〉も感じることがありえます。「人間であることの恥」の可能性も、また自国の〈恥〉が世代の交替とともに、歴史的コンテクストの変化とともに告白可能になることも、ひとつはこのことから説明されるでしょう。反対に、現在なお日本の政治指導者が、戦争責任、植民地支配責任を直視し、具体的に事実を検証し、被害者にきちんと向き合って謝罪することができずにいるのは、先行世代との同一化が断ち切られていないことの徴候にほかなりません。告白されることで「名誉」となりうる〈恥〉がある一方で、将来の野心のために過去と断絶することができず、告白されないままの〈恥〉もあるのです。かつて恥じたことに対する〈恥〉もあれば、恥じなかったことに対する〈恥〉もあります。ここにもまた私たちは、〈恥〉に内在的な反射性を見てとることができるでしょう。(11)

〈恥〉の問いに取り組んだ理論的営為としては、両大戦間期から第二次世界戦争直後に現れた、マックス・シェーラーからジャン＝ポール・サルトルに至る現象学的な研究がまず挙げられます。しかし、これらの研究では、〈恥〉を意識の志向性のレベルで分析する点に、独自の貢献とともに、限界も現れています。〈恥〉はその反射的性格のために多くの場合否認されるので、無意識のレベルにおけるそのメカニズムの解明がとりわけ重要だからです。その点で、近年の精神分析的研究の動向には、注目にあたいする進展が見られます。

先ほど見ましたようにルース・ベネディクトは、「恥」は他者に対する反応であるのに対し「罪」は内面の規範であり、「罪の文化」のなかでは「人は自分の非行を誰一人知る者がいなくとも罪の意識に悩む」と述べていました。しかしその直前では、「恥を感じるためには、実際に他人がいあわせるか、あるいは少なくとも、いあわせると思い込むことが必要である」（強調引用者）とも言われています。ここにはベネディクトが逢着していた理論的困難がはしなくも現れているように思われます。というのも、「恥」は「罪」と同じように「内面化」されないとしても、それでも「内面化」は、「〔他人が〕いあわせると思い込む」というかたちで、すでに生じているからです。この最小限の「内面化」なくしては、実は「恥」の定義さえ不可能なのです。

精神分析の戦後の展開では、〈恥〉の感情をむしろ自我理想との、〈罪〉の感情を超自我との、自我の葛藤として局所論的に位置づけることが標準的解釈として定着してきました。この図式では〈罪〉は善悪の基準に、〈恥〉は優劣の基準にかかわることになります。こうして〈恥〉は、ナルシシズムの問題系に位置づけられます。またラカン派の理論では、〈罪〉は欲望との、〈恥〉は享楽との関連で位置づけられ、一九六八年以降の現代を「露出の時代」「恥なき時代」と規定して、資本主義を享楽の観点から分析する傾向が見られます。[12]

しかし、フランス人の精神分析家セルジュ・ティスロンが指摘するように、〈恥〉の精神分析的研究は、フランスでも、精神分析界のドイツ占領期の協力問題や、アルジェリア戦争期の歴史的責任と向き合う努力と平行して、近年ようやく深められつつあるところです。[13]

フロイトとケインズ

『性欲論三編』（一九〇五年）のフロイトによれば、幼児期のリビドー発展の初期段階で、肛門期の子供は、みずからの排泄物を親に対する「贈与」として喜びとともに誇示する姿を見せます。しかし子供のなかではしつけとともに抑圧が働くようになり、排泄物は最初の〈恥〉の対象に変わります。原初的な〈恥〉は、このように、身体とその欲望を闖入者のまなざしから隠すことであり、やがて身体の部位としての隣接性から、この〈恥〉が性器にも及ぶようになると考えられます。

新自由主義的な経済体制における〈恥〉を主題

とする私たちの研究にとって重要なことは、フロイトが金銭への欲望の肛門的性格を主張していることでしょう。彼によれば、贈与、交換、蓄積といった経済的行為の原型が、肛門期に身体的に学ばれるのです。食事、消化、蓄便、排泄という栄養摂取の諸契機は、こうして、取得、投資、貯蓄、売却という経済活動の諸契機に対応させられることになります。

フロイトのこのような、現在でもなお驚くべき直観は、経済思想の歴史とまったく接点を持たなかったのでしょうか？　ジル・ドスタレールとベルナール・マリスはそうは考えませんでした。彼らの共著『資本主義と死の欲動』によれば、ジョン・メナード・ケインズには、作家のヴァージニア・ウルフやフロイトの最初の英訳者ジェイムズ・ストレイチーがその重要メンバーだった二〇世紀初頭のロンドンの文化サークル「ブルームズベリー」における知的交流を通して、精神分析の創設者の仕事を深く学ぶ機会がありました。貨幣や市場についてのケインズの理論には、二人の著者の示唆するところでは、部分的にフロイトの欲動理論の影響が見られます。(14)また、先に名を挙げたマジョールによれば、フロイトのほうも、第一次世界戦争後のパリ講和会議に参加したケインズの著作『平和の経済的帰結』を読んでいて、当時のアメリカ合州国大統領ウッドロー・ウィルソンに関する、あまり知られていない、しかし大変重要な研究でそれを参照しています。

フロイトは「快原則の彼岸」（一九二〇年）で死の欲動の仮説を提出するはるか以前から、排泄衝動を死の不安と結びつけていました（「フリースへの手紙、一八九七年」）。一方ケインズは、資本主義的競争と貨幣愛好のなかに、死の欲動の作用を認めていました。新自由主義の経済理論はマルクスとケインズを同時に否定し、合理的選択の主体としての功利主義的人間観を原理主義的に前提します。この教養を実効的に批判する作業が、今日、世界的に求められていることは言うまでもありません。新自由主義と〈恥〉の関係に関する私たちの研究にとっても、一九三〇年代のヘルベルト・マルクーゼ、ヴィルヘルム・ライヒから一九七〇年代のルイ・アルチュセールやドゥルーズ＝ガタリに至る、マルクス主義と精神分析の従来のさまざまな節合の試みに加えて、ケインズ理論におけるフロイト的要素を検討することから、得られるものは小さくないのではないかと考えられます。

新自由主義と〈恥〉

ケインズの市場（とりわけ金融市場）の概念は諸個人の合理的選択よりも、フロイトの集団心理学と同様、群衆の相互的な模倣の機制を重視します。投資対象の慣習的評価は群衆心理の所産であること、そのような評価は不図したことで変動を被りやすく、それに安定を保証するような「強固な確信の基礎は何一つ存在しない」ことを主張します。

「投機という言葉を市場心理を予測する活動に、企業という言葉を資産の全耐用期間にわたる期待収益を予測する活動に当てていいとしたら、投機がいつも企業より優勢だというのは事実に反している。しかし、資本市場の組織化が進むにつれて、投機が優勢となる危険性が高まっている。（…）アメリカ人は金融以外の領分においても、平均的意見が平均的意見だと考えているものを発見することに常軌を逸した関心を示しがちだが、因果なことに、国民性のこの弱点は株式市場に表れている。（…）投機家は企業活動の堅実な流れに浮かぶ泡沫としてならばあるいは無害かもしれない。しかし企業活動が投機の渦巻きに翻弄される泡沫になってしまうと、事は重大な局面を迎える。一国の資本の発展が賭博場（カジノ）での賭け事の副産物になってしまったら、なにもかも始末に負えなくなってしまうだろう。」（『雇用、利子及び貨幣の一般理論』、

一九三七年）[15]

　このような市場は鏡像的反射の場にほかならず、投機がspeculationと呼ばれる所以です。ケインズは市場をもともと集団的な欲動に駆動される原理的に不安定な場と考えており、彼の経済思想は市場の自動調整作用を信奉する新自由主義の教条と相容れません。この教条によればかつては金融市場に限定されていた投機の論理が市場一般の原理になるべきであり、誰もが自分自身を資産としてこのゲームに参加しなければなりません。全社会領域で熱病のように求められる「評価」とは、「平均的意見」なるものへの強迫的な関心、「ない」ものを「ある」と無理矢理信じよう、信じさせようとする、フェティシズム以外の何でしょうか。しかし、大学のような場においてさえ、いまや教員は、研究者としての自我理想を、この「平均的意見」と置き換えるように求められています。ここに新自由主義に固有の〈恥〉の発生源があるように思われます。自我が「平均的意見」に屈するならば自我理想との葛藤はそれだけ激しくなり、また「平均的意見」がひとたび自我理想に取って代わるならば、鏡像的反射の所産に過ぎない「平均的意見」がつねに不安定であり、その存在自体が疑わしいものである以上、自我はたえざる不安に脅かされるほかはないでしょう。

　ハンガリー人の精神分析家ヘルマン・イムレは、人間の系統発生に関する独自の仮説の上に「しがみつき本能」という概念を構築し、人間が形成する社会的紐帯はすべて、母と子のあいだの失われた絆の代理であると考えました。社会的紐帯の形成の背後にはつねに新生児の鋭い不安があり、それは〈恥〉、嫉妬、悔恨など、さまざまな情動のかたちを取って表れます[16]。家族、ジェンダー、性的志向、地域、学校、職場、階級、地方、民族、国家、歴史的文化圏等々、人間の集団的カテゴリーのどのレベルでも、その境界には、帰属感と裏腹の脱落、遺棄の不安が、〈恥〉への恐れが潜んでいます。新自由主義の論理はこれらの集団的カテゴリーを横断し、つねに不安定な「評価」の手前もしくは彼方で、個人がそのありのままの存在において肯定される可能性を縮減していきます。現代資本主義のこのような残酷な論理がすべてに優先する社会では、この数十年、どこでも自殺者の数が急増しています。この痛ましい事実の背後に、内向する、大抵の場合は無意識の〈恥〉の、恐るべき破壊作用を認めることは難しくないでしょう。

逃れ去ったエロスを求めて

この破壊作用は、自己に向かわない場合は、他者に向かいます。しかし、それもまた、間接的な自殺であるとは言えないでしょうか。死刑制度が存置されている日本では、みずから死刑になることを求めて殺人を犯す人々が増えています。また、イスラーム世界の一部には、「共同体の超自我」に過剰に同一化して、「聖戦」の名のもとに、さまざまな暴力的事件を起こす人々も存在します。[17] さきほど参照した『資本主義と死の欲動』の著者の一人ベルナール・マリスは、風刺新聞『シャルリ・エブド』の編集委員も務めていましたが、昨年（二〇一五年）一月七日の襲撃事件で命を落としました。私たちの時代の悲しむべき特徴であるこれらの暴力的事件のなかに、歴史的、社会的に形成された鋭い恥辱の情動が作用していることを、まさしく新自由主義の支配下における〈恥〉の反射性の現象形態として、想像し、調査し、思考する努力を惜しんではならないでしょう。

〈恥〉を克服しようとする努力は、ともすると、〈恥〉に本質的な反射作用に捕われたままになってしまいます。それでは、〈恥〉の情動と、なんらかの仕方で、肯定的とは言えなくとも、否認とは別のかたちでかかわるすべ、交渉するすべはないのでしょうか。社会学者の作田啓一は、「恥の文化再考」という表題の一九六四年の論文で、次のように述べています。

「(…)恥はアチーブメントの動機づけを強化するが、他方では達成の原理に伴う競争のスピリットを抑制する作用をもつ。この点において恥の内向化としての羞恥が重要な役割を演ずる。競争の過程においては当然自己があらわとなってくるが、この自己顕示は羞恥によって限界を画されるからである。この限界から突き出た自己の部分は、本人にとってだけではなく、他者にとっても羞恥の対象となる。こうした羞恥の共同体が、個人の創意や自発性の表現を押さえつけるというマイナスの効果は、もはや議論の余地がないほど明らかにされてきた。だがそれにもかかわらず、羞恥の共同体は、達成本位によって結びついた徒党がもちやすい集団的エゴイズムに対決するところの、一つの拠点となってきたことも忘れてはならない。エリートたちの激しい身振りの前で沈黙している大衆というわれわれに親しいイメージと重なるのは、このような羞恥の共同体である。[18]」

ここで作田が〈恥〉と〈羞恥〉を区別していることの重要性については、どれほど強調してもし過ぎることはないでしょう。この二つの名詞の区別は、日本語の動詞のかたちでは、「恥じる」と「羞じらう」の区別に対応しています。ここで問題となっているのはもはや〈恥〉の反射ではなく、分岐、分光とでも呼ぶべき〈恥〉の二重化、〈恥〉の襞のようなものでしょう。作田は〈恥〉に「二つの社会的機能」を認めます。ひとつは公的な「名誉」を求めて自己主張を行う動機としての機能、もうひとつは、人をむしろ私的で孤独な内面生活に引き込む機能です。このふたつの機能の区別は、私たちが最初に立てた「名誉」と「尊厳」の相違についての問いにも、貴重な光を投げかけるでしょう。そして彼は、この後者のほうの機能が、特定の集団の境界を超えた、孤独な個人の連帯の可能性の条件をなすのではないかと示唆します。そしてこの論文の最後に、こう述べるのです。「自己の内部の劣等な部分が八方から透視されている人間、集団という甲羅の一切が剥奪され、有としての自己を主張しうる根拠を失った人間、そういう人間同士の連帯は、集団の砦を越えた連帯」である。[19]

この洞察を、ここまで私たちが辿ってきた議論を踏まえて言い換えれば、〈恥〉の残酷な強迫的反射、死の欲動の、タナトスの猛威から、生の欲動を、エロスを分離する可能性の探求ということになるでしょう。タナトスとエロスは、〈恥〉と〈羞じらい〉のように、つねに絡み合っています。〈恥〉の否認を中断し、〈恥〉の反射のただなかに、〈恥〉のひとつの屈折のように、〈羞じらう〉エロスを探り当てること。それは個が集団を越えて生きる道を発見することであり、価値法則に貫かれた資本主義の彼方を、すでに素描することではないでしょうか。

The 7th International Conference of Humanities Research on Emotion "Emotional Territories in the Age of Neoliberalism: On the Reflexivity of Shame"

註

（1）Ruth Benedict, *The Chrysanthemum and the Sword : Patterns of Japanese Culture*, Charles E Tuttle Company, 1946, p.223（ルース・ベネディクト『菊と刀』、長谷川松治訳、現代教養文庫、一九六七年、二五八頁）

（2）*Le Monde*, le 23 avril 1985.

（3）鵜飼哲「時効なき羞恥」、『抵抗への招待』、みすず書房、一九九七年。

（4）H.D.Harootunian, «Ambiguous Silhouette : Ideology, Knoledge, and the Shaping of Japanese Studies in the United States». （H・D・ハルトゥーニアン「曖昧なシルエット――イデオロギー、知、そして米国における日本学

の形成」、遠藤克彦訳、『みすず』、一九九八年、五、七、八号）
（5）柳田国男「罪の文化と恥の文化」、『定本柳田国男集』、第三〇巻、筑摩書房、一九七〇年。
（6）プリーモ・レーヴィ『休戦』、竹山博英訳、岩波文庫、二〇一〇年、一五—一六頁。
（7）以上の点については鵜飼哲「ある情動の未来——〈恥〉の歴史性をめぐって」（『主権のかなたで』、岩波書店、二〇〇八年）を参照。
（8）Gilles Deleuze et Félix Guattari, *Qu'est-ce que la philosophie ?* Minuit, 1991.（ジル・ドゥルーズ＋フェリックス・ガタリ『哲学とは何か』、財津理訳、河出文庫、二〇一二年）
（9）Gilles Deleuze, «La honte et la gloire» in *Critique et clinique*, Minuit, 1993, p.156.（ジル・ドゥルーズ「恥と栄光」、『批評と臨床』、守中高明・谷昌親訳、河出文庫、二〇一〇年）
（10）Jacques Derrida, *L'animal que donc je suis*, Galilée, 2006, p. 18.（ジャック・デリダ『動物を追う、ゆえに私は（動物で）ある』、鵜飼哲訳、筑摩書房、二〇一四年）
（11）René Major, *De l'élection*, Aubier, 1986.
（12）Jacques-Alain Miller, «On Shame» in *Jacques Lacan and the Other Side of Psychoanalysis*, Duke University Press, 2006.
（13）Serge Tisseron, *La honte : psychanalyse d'un lien social*, Dunod, 1992.
（14）Gilles Dostaler et Bernard Maris, *Capitalisme et pulsion de mort*, Albin Michel, 2009.（ジル・ドスタレール＋ベルナール・マリス、『資本主義と死の欲動』、斉藤日出治訳、藤原書店、二〇一七年）
（15）J・M・ケインズ『雇用、利子および貨幣の一般理論』上、間宮陽介訳、岩波文庫、二〇〇八年、二一九—二二〇頁（第一二章、「長期期待の状態」）。
（16）Imre Herman, *L'instinct filial*, Denoël, 1972.
（17）Fethi Benslama, *La guerre des subjectivités en islam*, Lignes, 2014.
（18）作田啓一「恥の文化再考」、『恥の文化再考』、筑摩書房、一九六七年、二四—二五頁。
（19）同書、二六頁。

境界から歴史をみつめ返す——越田清和さんの〈時代〉

『インパクション』189号 2013年4月

越田清和さんと私がそれぞれ歩いてきた軌跡が交差したのは比較的近年のことです。『インパクション』誌の編集委員会で顔を合わせるようになったことがおおきいのですが、それ以外にもすこしずつ接点が広がってきて、これから一緒に仕事をする機会が増えそうだなと考えていた矢先、越田さんは病に倒れ、足早に立ち去ってしまいました。最後のメールは今年（二〇一三年）の一月三一日。「一進一退」という言葉に望みをかけていたのですが、あまりにも早い訃報でした。

越田さんと私は同じ年の生まれです。同じように、七〇年代前半に学生生活を送りました。気をつけてみると、社会運動や広義の研究へのかかわりに、意外なほど共通する点が見つかります。そのひとつは、第三世界の、とりわけ大国、強国の植民地支配からの解放を求めて闘う人々への共感であり、実際に現場に足を運び、現地の人々と触れあわなければ気がすまない心性かも知れません。もっとも、パレスチナやアラブ諸国に機会のあるときに足を運んだに過ぎない私と違い、東ティモールやフィリピンでの越田さんの活動は、明確な任務を帯びた、きわめて具体的なものでした。
二〇〇二年五月に東ティモールが独立して八年後、現地を再訪したときの印象を、越田さんはこう書き留めています。

二〇一〇年夏、私は久しぶりに東ティモールへ行った。独立してからは初めての東ティモールで一番驚いたのは、広大な大統領官邸だった。ここは、私が東ティモールにいた二〇〇〇年頃はヘリポート基地だった（はず）ところで、時々国連平和維持軍のヘリコプターが大きな音を立てて離発着していた。その頃私が働いていたアジア太平洋資料センター（PARC）の事務所兼住居から近かったこともあり、よく夕方になるとヘリポートに沿って散歩したものだ。その辺りがきれいに整備され、東ティモールには稀な大きな建物が立っていたのだから、まず、そのことに驚いた。

しかし、「こんな建物を建てる必要があるのか？　東ティモールの人たちは、どう思っているのだろうか」という、ある意味で当然かつやや呆れた疑問が浮かんだ。この疑問は、「あの東ティモールが、なぜこんなに早く普通の国になってしまうのか」という私の気持ちの表れでもある。そうなのだ、なぜ一〇年も経たないうちに、こんな風になってしまうのだろうか。

（「東ティモール「独立」から10年」、『インパクション』一八四号）

越田さんの胸中に、このとき、このような驚き、反問が生まれたのは、NGOの世界で支配的な発想とは対極的に、越田さんが、東ティモールが「普通ではない国」になる可能性を夢見ていたからでしょう。自分が生まれ、育ち、生活してきた「豊かな国」と、同じ仕組みで、同じ経済的・「文化」的水準に達するように「後進国」を援助するのではなく、独自の構成原理に立つ新しい社会の誕生を願い、その生みの苦しみに立ち会い、それをささやかなかたちで支えること、そのプロセスから学び、自分自身が変わるためにもそうすること——。このような夢の断ち切り難さに、私はひとつの世代の徴を見てしまいます。

しかし、越田さんの驚きや反問は、単純に失望にはつながっていきません。新生東ティモールの指導者たちが、アジア太平洋戦争期に当地を占領した日本の戦争責任を問うことなく日本からの資金援助を受け入れたことを指摘しながらも、越田さんは問いを立て直すことでこの現実に応えようとします。

インドネシアによる暴力に抵抗してきた人たちが、独立後に「国家」を指導するようになって、それまでの主張を変えることがあっても、おかしくはない。それを「おかしい」というのは、解放闘争に「夢」や「理念」を求めていた連帯する（私のような）側の問題でもあるからだ。

このジレンマを超えて、東ティモールの国家や政府とではなく、人びととのつながりを深く広げていくには何が必要か。（……）

こうした経験と反省を経て、国家のレベルに到達目標を設定する運動から、現地の人々との具体的で地道な、終ることのない関係づくりへ、フェアトレード運動などを中心に、近年の越田さんの活動は転回していったようです。

一〇年ほど前、旭川の川村カネトアイヌ記念館で、私は偶然越田さんと出会いました。この領域での越田さんの仕事を、それまで私はほとんど知りませんでした。しかしそれ以来、私にとって越田さんとの関係の深まりと感じられた出来事は、つねにアイヌ民族の、先住民族としての復権にかかわるさまざまな試みと交差していました。郷里・北海道をはっきり植民地として認識すること。日系道民の多くにとって、それが存在のレベルでとても困難な作業であることを、この関係の外部にいる人々は、想像しようとしなくてはならないでしょう。越田さんは、この認識に至る、あるいはその深化の過程での、彼にとっての決定的な契機が、フィリピンにおける先住民運動との出会いだったことを明かしています。

フィリピンに行く直前、一九八九年に「ピープルズ・プラン二一世紀」の一環として行われた世界先住民族会議を準備している時に、国連で議論されている先住民族の権利に関する宣言（案）や世界キリスト教協議会（WCC）「人種差別主義とたたかうプログラム（PCR）」が出していた『先住民族の土地権』（PCR Information, 1983 No.16）という冊子を読む機会があった。

そこには、先住民族が自決権を持ち、独自の発展権、土地や資源の管理・支配権などを持っていることが明確に述べられていた。先住民族の領域が奪われ続けていることが、先住民族のアイデンティティ（帰属意識）を否定することにつながっている。差別がなくならない現実の基盤には、土地を奪い続けている植民地主義の継続があるということがはっきり見えたような気がした。

いま書いてみると、こんな単純な事実にどうして気づかなかったのか、と自分でも思う。私のように、「明治」になって本州から北海道・アイヌモシリに渡ってきた日本人の末裔は、もし「北海道から出て行け」とアイヌの人たちから言われたらどうしようかという気持ちを心の中にどこかで持っているのかもしれない。その気持ちが、アイヌ民族に対する植民地主義という事実を見る目を曇らせていたのだろうか。

（「土地は商品ではない――先住民族としてのアイヌ民族のたたかい」、『インパクション』一六七号）

アイヌ民族復権運動への関与のなかで、越田さんは、土地収奪の問題を中心的課題のひとつとして見据えていました。最後の出会いのひとつとなってしまったあの日のことを想起すると、あらためてこの点に思い当たります。

二〇一一年三月二四日、原発事故後の東京を離れて避難していた旭川から札幌に移動し、さらに関西に向けて旅立とうとしていたとき、短い時間ながら、越田さんと言葉を交わすことができました。放射能汚染のために、福島の農業が壊滅的な打撃を受けたことは、この時期すでにはっきりしていました。福島の農家の人々が村ごと北海道に集団移住する可能性が話題にのぼったとき、越田さんはこう指摘したのでした。

「今度はアイヌの人たちときちんと話をしなければ」。

この一言は、震災・津波・原発事故というこの三重の災厄が、これまでに日本列島を襲った多くの災害と同様、アイヌ民族の歴史的状況に、日本人の大多数には気づかれないまま、またしても影響を及ぼす可能性があることを照らし出しました。思えば、私たちが暮らす列島の北部にかかわることで、アイヌ民族と無縁なことなどひとつもないのです。〈3・11〉以後と呼ばれる状況を考えるとき、このことは、それ以来私の念頭を離れなくなりました。私たちが先住民族としてのアイヌ民族と「出会い直し」、明確な契約を結び、たがいに約束を交わす機会は、今をおいてないのではないのかとさえ、越田さんは考えていたのかも知れません。

『アイヌモシリと平和――〈北海道〉を平和学する!』(法律文化社)が送られてきたのは昨年(二〇一二年)一〇月の初めでした。この素晴らしい本には、アイヌ民族との「出会い直し」のためのベースとなる重要な考察が、植民地化と軍事化が一体となったこの島の歴史を、想起し、分析し、告発する貴重な作業の数々が収められています。編集方針に、論考に、序章とあとがきに、越田さんの問題意識が、かつてなく鮮明に表現されているようです。

『インパクション』誌は越田さんのおかげで、一六七号にしてようやく、アイヌ民族の状況と向き合う機会を与えてもらいました。人と人との具体的な関係を大切にして仕事を続け、経験を、考察を深めてきた越田さんは、「アイヌの人たちの声を聞くこと」をなによりも重視しました。そのことは、二〇一二年一一月二三日の日付のある結城幸司さんのインタビュー、「企画し合い支え合う——アイヌ・アート・プロジェクト」(『インパクション』一八八号)からもよくうかがえます。この姿勢に学び、残された言葉の数々と繰り返し対話を深めつつ、越田さんが開いてくれたこの出会いの空間を引き継ぎ、すこしでも豊かにしていければと願わずにいられません。

第3章

日本型祝賀資本主義批判

天皇代替わりとオリンピック・パラリンピック

イメージとフレーム

『反東京オリンピック宣言』小笠原博毅・山本敦久編　航思社　２０１６年

パンとサーカス

　異常な事態はすでに二〇一二年に始まっていた。この年の八月二〇日、東京の銀座では、ロンドン五輪で二位になった女子サッカーチームの凱旋パレードが行われた。参加者数は五〇万人とも言われたが、そこには間違いなく、当時高揚していた反原発運動から人々の耳目を逸らし、同時に二〇二〇年五輪招致に向けて東京都民の支持率を力づくでアップさせるという、二重の目的をもったメディアの動員戦略が働いていた。事実、都民の支持率は立候補時の四七％から、最終的には七〇％まで上昇したとされる。

　それでも、マドリード、イスタンブルとの招致合戦で、東京が勝ち残ると予想していた人は、当時はまだ少数派だった。福島第一原発の爆発事故からわずか二年、生々しい傷口からわずか二〇〇キロあまりの日本の首都に、全世界からアスリートと観客を呼び集めて一大スペクタクルを挙行しようなどという考えは、およそ現実離れした、ありえないことと感じられていたからだ。原発事故が収束からほど遠く、廃炉や除染の作業に多くの労働者が日々大量の被曝を被りながら従事しているときに、地震と津波で壊滅した東北沿岸部の復興工事のための資金、資材、労働力が明白に不足しているときに、数十万の被災者が将来の展望を見出せないまま困難な避難生活を強いられているときに、首都圏も放射能汚染の圏外ではなく、あちこちにホットスポットが発見されているときに、どう考えてもオリンピックどころではないという「良識の声」は、二〇一三年の夏にはまだ、東京の外に一歩出れば、世論の多数派を構成していただろう。

ところが悪夢のような同年九月七日、ブエノスアイレスで開かれた国際オリンピック委員会（ＩＯＣ）総会で、二〇二〇年オリンピックの開催地が東京に決定されたのである。投票に先立つ演説における安倍晋三首相のいわゆる「アンダーコントロール」発言については周知の通りだが、首相官邸のホームページに掲載されている翻訳によって再度想起しておこう。

「フクシマについて、お案じの向きには、私から保証をいたします。状況は、統御されています。東京には、いかなる悪影響にしろ、これまで及ぼしたことはなく、今後とも、及ぼすことはありません。(1)」

これほど公然たる嘘の前で、人はともすると虚を衝かれ、息を飲んでしまう。すでに多くのことが語られてきたこの凶悪な言語行為について、ここであらためて付け加えることは何もない。問題はこの欺瞞から紛れもない事実が生産されつつあること、そしてそのメカニズムを然るべく解体するためには、嘘を真実と、虚構を現実と対比して告発すること以外に、いくつかの作業が必要となることである。

この時期たまたまフランスに滞在していた私は、五輪開催地が東京に決定したという報に接したフランス緑の党のある女性責任者が、「これではまるでパンとサーカスではありませんか！」という嘆声を発したことをよく覚えている。ローマ帝政期の愚民政策のモットーとして、時間と空間を超えて人口に膾炙してきたこの表現が、二一世紀の東アジアの帝国主義国家の、大規模核災害後の民衆統治との関連で呼び出されたことは、いくつもの意味で示唆的だった。それはまず「スペクタクル」と「政治」が、資本主義の覇権確立にはるかに先立ってつねにすでに不可分だったこと、私たちが直面している状況にはある種の古典性が、「政治」とその年齢を同じくする、ほとんど太古的とも形容すべき性格があることを思い出させてくれる。

ギリシャ語の距離の単位から派生した「スタディオン」という語で呼ばれる競争場は、円形劇場と同時期に古代ギリシャの諸都市に現れた建造物である。万余の民を観衆として収容したローマの円形競演場「シルクス」（circus）は当初は競馬場だったが、それが「サーカス」の語源そのものになった。古代ギリシャを西洋文明の起源とする歴史の語りが近代ヨーロッパの構築物であることは、少なくともマーティン・バナールの『黒いアテナ』（一九八七年）以来もはや定説だろう。そのことは、近代オリンピックの理念についても、根底的な問い直しを迫るはずである。その一方で、最大規模の「スペクタクルの政治」としてのオリンピックがローマ帝国の呪われた遺産を継承していることは、一九三六年のベルリン大会、ナチス・ドイツによる第三帝国五輪以来明白だった。そして近年、その傾向はいっそう顕著になるばかりなのだ。

イメージとフレーム

「政治」が元来「スペクタクル」と切り離せないとすれば、「政治」はもとより真理と相性が悪いことになる。この点を、全体主義の時代経験と戦後の西側諸国で支配的になった政治文化を参照しつつ強調したのは「真理と政治」（一九六七年）のハンナ・アーレントだった。アーレントは、ライプニッツ以来の「理性の真理」と「事実の真理」の近代的区別を暫定的に前提したうえで、「事実の真理」が権力政治の前でいかに傷つきやすいかを指摘する。

「（ホッブズの言葉を用いれば）「支配権」（dominion）は、理性の真理を攻撃する場合はいわば自分の領土を踏み越えるが、これに対して、事実を捏造し嘘をつく場合には自らの陣地で戦闘している。事実の真理が権力の攻撃から生き残るチャンスは、じつに微々たるものである。[2]」

今日とりわけ核や原発、より一般的には環境や医療にかかわる知と権力の関係が問題になるとき、アーレントがここで前提している二つの真理の区別に、私たちはもはや、暫定的にであれ依拠することは難しい。ブエノスアイレスの安倍発言は、権力政治の土俵の上で「事実の真理」を扼殺するとともに、「理性の真理」の領域にも、同時に越境攻撃を仕掛けていたのである。そしてこのような権力の作用、意図的な虚偽による「事実」の作為は、チェルノブイリ以降の核の国際管理体制のもとで、いわば原理的なレベルで可能にされてきていたことにあらためて思い至る。

ここでは同論文中のアーレントの、もうひとつの重要な指摘に注目したい。それはイメージの構築を通じて作用する構造的な嘘の問題である。歴史修正主義から過酷事故の隠蔽まで、私たちの時代の情報環境で生産され流通する政治的な嘘の大半は、明らかにこのタイプに属しているからである。

「現代の政治の嘘は、秘密でないどころか実際には誰の眼にも明らかな事柄を効果的に取り扱う。このことは、歴史を目撃している人びとの眼の前で現代史の書き換えを行なう場合にははっきりしている。しかし、それはあらゆる種類のイメージづくりにも同様にあてはまる。イメージづくりの場合、いかなる周知の既成事実であろうと、それがイメージを傷つける恐れがあるときにはやはり否定されるか、無視される。イメージは旧来の肖像画とは異なり、リアリティに媚びるのではなく、リアリティの完全な代用品を提供すると考えられているからである。いうまでもなくこの代用品は、現代技術とマス・メディアによって、オリジナルが以前そうであった以上に公衆の眼に触れる。(…)」(3)

アーレントの分析のポイントは、第二次世界戦争以降の支配の技術の根幹をなすこのようなイメージの構築がひとたび軌道に乗ると、「欺かれる集団と欺く者自身の双方とも、プロパガンダのイメージに手をつけないでおこうと骨折る」ようになるという点にある。二〇二〇年の東京開催が決定すると、「事実の真理」を根拠に返上を主張する声はたちまち周縁化されていった。すべての論理が転倒し、五輪をやることになった以上福島原発事故のリスクはもうたいしたことはないとでも言わんばかりの虚偽論理が、公然とまかり通るようになっていった。反原発運動の主流もこの攻撃の本質を見抜くことができず、二〇一四年二月の東京都知事選の候補者のなかに、反原発は掲げても、反五輪を訴える候補はすでにほとんどいなかった。やはり同じ時期、参議院議員会館で開かれた在特会等の街頭差別煽動に反対する初の院内集会でも、五輪開催予定地でこのような排外的言動は許されないというたぐいの発言が繰り返しなされた。このように、「五輪」というフレームが嵌められたことで、なにもかもが歪んだ解釈を受けるようになり、能動的、受動的なさまざまなレベルで、幾重もの共犯関係が、ほとんど自動的に形成されていったのである。

現時点で一兆八千億円と見積もられている運営費の財源すらさだかでないこの五輪の経済効果については、合理的な懐疑論がいまも優勢である。それにもかかわらず、二〇二〇年東京大会の先取りされたイメージは、なぜこのような力を発揮するのだろうか？　決定されたからには五輪に抗えないという風潮は、なぜこれほど急速に形成されたのだろうか？

それは一九六四年大会が過去の成功体験として集合的記憶の対象となっており、経済成長期の日本が郷愁をこめて想起される際のアイコンの位置を占めていることと無関係ではありえない。そもそも二〇二〇年に先立つ二〇一六年大会への東京の立候補は、一九八八年に韓国のソウル、二〇〇八年に中国の北京でオリンピックが開催されたのちの東アジアの新たな歴史的、政治的な拮抗関係のなかで、民族差別主義者の石原慎太郎都知事によって提案されたものである。当初有望だった福岡案を蹴散らして東京に候補地を引き戻したとき、アジアに開かれた福岡案のプレゼンテーションを担当した姜尚中に対し、石原が差別的な暴言を吐いた事実を忘れてはならない。隣国の首都でもオリンピックが開催された以上、東京も仲良く一回きりということは、石原の頭のなかではあってはならないことだったのだ。(4)

それに対し安倍晋三は、すでに民主党政権下で進められていた招致計画を引き継ぎ、福島原発事故を隠蔽し、反原発運動を分断し、原発再稼働の社会的条件を整備するとともに、明文改憲に向けたナショナリズム煽動の体系的展開のための恰好のツールとして、五輪を国家レベルの戦略に組み込んだのである。とはいえ石原のアジア蔑視は、力点こそ異なるとはいえ、安倍にも共有されていることは言うまでもない。今回の招致のコンセプトに当初から含まれていた民族差別的要素は、開催決定時の都知事だった猪瀬直樹のイスラーム差別発言にも見られるように、石原の引退後も引き継がれた。そしてこのようなコンセプトが、前回大会は成功だったというイメージのうえに構築されている以上、二〇二〇年大会に反対する思想＝運動は、一九六四年を別様に想起する作業を省略することはできない。

一九六四年のカウンター・ナラティヴ

前回のオリンピック開催時に小学校四年生だった私にとって、「東京」と「オリンピック」という二つの言葉の連なりには、ある名状し難い、鳥肌が立つような感触がある。半世紀前の記憶をたどればいくつものイメージが浮かびあがる、食い入るようにテレビを見ていたからこそ刻み込まれたイメージが——。

体操の遠藤幸雄が鞍馬の演技中に一瞬止まってしまった時の動揺の表情。国立競技場に入ってから追い抜かれて三位になったマラソンの円谷幸吉の悲壮な表情。オランダのアントン・ヘーシンクに押さえ込まれた柔道・無差別級の神永昭夫の無念の表情……。女子バレーボールの「東洋の魔女」の活躍で子供たちは回転レシーヴの真似に興じていたし、重量挙げの三宅義信も人気があったはずだが、記憶の底には明るいイメージはほとんど残っていない。

なぜだろうか？　ひとつには、日の丸と君が代に席巻されたあの日々の記憶が後年私のなかで塗り直され、当初明るく印象されたはずのイメージ群に抑圧が働くようになったからだろう。しかし、おそらくそれだけではない。アジア・太平洋戦争敗戦の年から一九年、昭和天皇裕仁の国際社会への復帰の場でもあったあの五輪には、戦争が、周到に覆い隠されながら、なお生々しくその影を落としていたからに違いない。国の名誉を背負って戦う選手たちの表情に、戦後の経済成長期の「少国民」の視線は、否応なく吸い寄せられていたのではなかったか。

ことはおそらくオリンピックだけに限られない。戦後日本社会におけるスポーツの変容について、一九二二年生まれの社会学者・作田啓一は、一九六四年七月に書かれた「高校野球と精神主義」という一文を次のように始めている。

「戦前の中等野球から今日の高校野球にかけて、私は長いあいだ熱心なファンであった。もちろん今もそうである。むかしは選手たちは負けて泣き、勝っても泣くことが多かった。今はそんなに泣かなくなったけれども、それでも春と夏の全国大会の優勝戦や優勝の望みをかけた試合のあとで、選手たちが泣くこともある。私もしばしば泣きたいような気持ちになり、そして同時にこんな状況に容易に同一化する自分がいやになってしまう。戦前のオリンピックでも日本の選手はよく泣いた。私の若い友人は、日本でのオリンピックの開催に反対する運動を起こしたいと口癖のように語っていたが、私もそれに賛成だ。この人も選手といっしょに涙ぐむほうなのだろう。(5)」

感動してしまう自分がいやだからオリンピックに反対する――。集合的記憶に残るほどの反対世論は結局顕在化しなかったあの年に、戦争体験の苦さを噛みしめつつ絞り出された、このような屈折した反対意見が存在していたことは、今日あらためて想起されてよい。作田によれば高校野球も、「戦後が若かった頃」(海老坂武)はまったく様相が違っていた。バント戦術に代表される「安全第一主義」や「魂の野球」の「精神主義」は、「一九五一年の講和・安保二条約を境に」、「もはや戦後ではない」というかけ声とともに回帰してきたのだという。

戦前の日本の軍隊と、今日にいたるスポーツのあり方に看過しえない連続性があるという認識は、今日ではむしろ常識に属するだろう。しかし、認識はひとたび常識化されると、往々にしてその含意を十全に伝えなくなる。作田はここで、「国家のために、母校や郷土の栄誉のために」戦う選手が「負けて泣くほど勝利を希求」してしまう圧力にさらされる日本社会、「権力と道徳とがつねに結びついてきた」この社会では、「勝敗への異様な執着」の奥に、ある宗教的な次元が潜んでいることを指摘する。

日常生活に対し、宗教儀礼と（スポーツがそこに含まれるべき）遊戯には、①非実利的、象徴的な本質、②それらの営みの特定の時間、空間への限局、③それらの活動だけに適用される厳格なルールの存在という、三つの共通の属性がある。しかし、日常生活からの両者の「離脱の方向」は逆である。宗教儀礼は「真剣」「真面目」「厳粛」（serious）であるのに対し、遊戯は本来、文字通り「遊び」「戯れ」（playful）だからである。ロジェ・カイヨワの『人間と聖なるもの』を参照して整理された以上の図式からは、宗教儀礼がシリアスという点で実生活と結びつき、ある種の中間的位置を占める構造的必然性が見えてくる。だからこそ、「反世俗性という媒介項を通じて宗教的儀礼のきわめて濃厚な厳粛性が、ほんらいシリアスではありえないところの遊戯の形式の中に、かなり自然に盛り込まれること」にもなりうるのである。

作田はさらに、神を集団の象徴、宗教を集団の自己崇拝と考えたエミール・デュルケームの説を援用して、日本社会では勝敗の帰趨が、集団の栄枯を左右する儀礼とみなされる傾向が強いことに注意を促す。彼が引用するタカクラ・テルによれば、戦前の日本では「各地方の産業の実力の程度が中等野球のチーム力に敏感に反映した」という。この関係を反転させれば、「強いチームを育てた地方は繁栄するであろう」（強調作田）というかたちで、宗教的儀礼の論理がそっくり現れることになる。このような社会では選手は一種の「司祭」なのであり、勝敗に共同体の浮沈がかかっているとみなされる。戦争中、「代表意識にかり立てられ」た幾多の人の死を目撃した作田にとって、スポーツにおける精神主義と戦争の構造的相同性は火を見るよりも明らかだった。論考の最後は、こう結ばれている。

「東京オリンピックが近づいている。オリンピックは国際的なコンテストであるという点で、戦争と重なる。それにもかかわらず、あたかも戦争がなかったような顔をしてオリンピックが行われようとしている。ところがじつは、二十年前に死んでいった日本人とよく似た選手や観衆がスタディアムにあらわれるだろう。その状況は日本民族の哀しい側面を浮き上がらせるであろうから、そしてその哀しい側面に愛着があるから、オリンピックは日本ではなく、どこか遠いところでやってほしい。(6)」

ポスト五輪ナショナリズム

オリンピックの喧噪と比べればほとんどささやきにひとしかった作田啓一の以上のような洞察は、メキシコ・オリンピックを控えた一九六八年一月の円谷幸吉の自死を、かなり正確に予期していたと言えるだろう。川端康成から野坂昭如までの政治的スペクトルで、円谷の遺書が「遺言文学」の傑作として賛美されて現在に至っていることも、戦後日本社会とスポーツの関係についての彼の分析が、正鵠を射ていたことの証左である。

しかし、私の遠い記憶では、オリンピックの目的は単なる国威発揚ではなく、青少年が広く世界に目を開くためのまたとない機会として喧伝されてもいたはずだ。勝つことばかりが目的ではない、オリンピックは「参加することに意義がある」。ピエール・ド・クーベルタンに誤って帰せられたこの言葉を、当時は耳にたこができるほど聞かされたものだ。

若い世代の国際的な視野を磨くという目標は、JOC、日本政府、東京都など、当時のオリンピックの開催主体によって、そもそもどれだけ本気で追求されていたのだろうか。今回の招致活動のためにひどく場当たり的に考案されたとおぼしい「お・も・て・な・し」という標語にも、同質の底の浅い啓蒙主義の劣化版が透けて見える。しかし、それが浮薄であるがゆえに強力な動員のイデオロギーになりうることを、けっして軽視すべきではないだろう。

作家の小田実によれば、一九六四年大会を通じて実現したことは、ある種の浮薄なナショナリズムの蔓延だった。一九六六年の「平和の倫理と論理」のなかで、六年間の予備校での教育活動を振り返りつつ、彼は書いている。

「私はここ六年間予備校の教師をつとめて、日々、二十歳前後の若者に接する機会をもつが、六年の時間のひろがりのなかで、若者たちの意識の変化は、対ナショナリズム、対国家観に関してもっともはげしい。私の直接体験を比喩を使って言いあらわせば、六年前、私の接する十人の若者のなかで、「日本をどう思うか」という私の問いに対して「日本は立派だ」と答える若者は、おそらく一人だっただろう。そして、彼は、自分は日本に必ずしも満足していない。しかし、自分は日本人だから、日本をそんなふうに認めるのだと、あまり明るいとは言えない表情でつけ加えたことだろう。同じ若者が「国を愛する」ということを気恥ずかしげに、しかし、それなりの決意をこめて言い切ったにちがいない。外敵が侵略して来たら、きみは自分の生命を投げ出して国を護るかと訊くなら、たいていが笑って、逃げますよ、と答えただろう。一人が真面目な顔で、それはさっき「国を愛する」と言い切った若者と同じ若者なのだろうが、「国を護る」というのはどういうことか、国の何を護るというのか、と反問して来たにちがいない。

六年たった今ではどうか。実際に何度か試してみたことがあるのだが、十人のうち、まず八人までが「日本は立派だ」と答えるだろう。そして、それでいて、日本のどこが立派なのかと訊くと、一様に口ごもる。「国を愛する」ということも同じ。国の何を愛するのかという問いに対して確とした返答がないのも同じ。「国を護るか」――同じように、ほとんどすべてがそれを自明のこととして答える。特攻隊のような行為によってさえ「国を護る」と答える若者も、半数はいる。しかし、それでいて、国の何を護るのか、何のために国を護るのか、という問にには明確な答はない（余談だが、こうした無責任なナショナリズムの高揚について、オリンピックは、やはり、大きな効果をはたしたと思う。そして、オリンピックが期待されたもう一つの効用、インターナショナリズムへの道はほとんど効果をあげていない。これは現場教師としての率直な感想である。もう誰もオリンピックのことを問題にしなくなったので、特に書いておきたい。今こそ、人はオリンピックについて論じるべきだろう）。[7]」

「政治の季節」という六〇年代後半についての定型化されたイメージが、それもひとつの遠近法的錯視であることを、この一節はよく教えてくれる。小田が捉えたポスト五輪のナショナリズムの特徴は、戦争が開いた国家原理と個人体験の「裂け目を結び合わせる便利な接着剤としてのナショナリズム」である。このタイプのナショナリズムでは、国家原理と個人体験が双方から、「個別的な被害者体験、加害者体験の重みの下に普遍原理が存在する」ことの発見を通して（再）統合の（不）可能性を模索、検証する困難な過程がまるごと捨象される。それは一方では、戦後憲法体制下の国家原理が、「すくなくとも機構上は、普遍原理と個人体験を大幅に体内にとり込むことができる」ことを条件としている。また他方では、「被害者体験の集大成として民族の被害者体験を考え、それをそのまま国家（原理）の被害者体験（国家もまた、その原理が完遂されなかったという「被害」をもつ）に転位することで、個人の被害者体験と国家（原理）のそれとを同一視させる」という「しかけ」を持っている。

小田はこのナショナリズムを「私たちがかつてもたなかった新しい型」と考えている。作田の考察が日本のナショナリズムの特殊な性格に力点を置き、どちらかと言えば過去からオリンピックを照射していたのに対し、小田が記述するのはオリンピックの効果として生産された、「欧米先進国」にも見られる、一見普遍主義的な、「これからの」ナショナリズムなのである。ヴェトナム反戦運動にすでに深く関与していた彼は、当時のアメリカの青年たちとの議論の経験をも踏まえてこの診断を下している。戦後日本の歴史修正主義の最初の顕著な現れとも言える林房雄の『大東亜戦争肯定論』も、このポスト五輪ナショナリズムのなかで受容されていったのだった。

スペクタクルを解体するために

安倍政権のもとで二〇二〇年大会の開催準備を通して組織されつつある今日のナショナリズムは、その系譜のなかに、この二つのタイプを同居させている。今回の招致も前回同様、ある意味では前回以上に、「国家原理と個人体験の裂け目」を強引に縫い合わせるという、きわめて攻撃的な性格を持っている。国立競技場、エンブレム、裏金、そして次々にひきずり降ろされる東京都知事と、問題だらけの、目も当てられない「二度目の喜劇」と化しつつあるように見えるオリンピック騒動だが、支配勢力の第一の狙いが、二〇一一年三月の複合災害によって引き起こされた社会的亀裂、国家的危機を、スポーツ・ナショナリズムの鞭を全力で振るって正面突破しようとしている点にあることは、自明とは言え、繰り返し確認しておく必要があるだろう。

作田啓一のオリンピックに対する異論を動機づけていたのは、自分のなかにも否認し難く流れている、日本近代史の主旋律と言うべき悲哀の誘惑に対する抵抗だった。小田実の場合も、日本人の被害者体験の悲しみは、「加害者体験の歴史が書かれても「依然として歴史の底にあるにちがいない」と認めつつ、「しかし、私は、今、その悲しみに流されないで、ことの真相をみきわめたい」と述べていた。五年前の地震、津波、そして原発事故は、列島社会の底流であり続けてきたこの悲しみを、あらためて現在の地表の上にとどめようもなく溢れ出させた。津波によって近親者を失い、放射能汚染によって生活を破壊され、未来を奪われた被災地の人々の巨大な悲痛を、圧迫し、無視し、愚弄し、懐柔し、水路づけ、制御しようとする、一連の施策の総仕上げのように、今回の五輪招致は構想されたのである。

高祖岩三郎は「オリンピック――かくもおぞましきスペクタクル」で、ギー・ドゥボールの『スペクタクルの社会』および近年のシチュアシオニスト系の理論展開を参照しつつ四種のスペクタクルを区別している。第一のスペクタクルは「集中的」である。それは全体主義国家が組織するスペクタクルであり、「従属せよ！」という指令語を発する。第二のスペクタクルは「浸透的」である。それは自由主義的資本主義社会における商品生産と外延を同じくするスペクタクルであり、「買え／消費せよ！」という指令語を発する。それに対し、第三のスペクタクルは「統合的」と呼ばれる。第一と第二のスペクタクルの統合形態であり、二つの指令語を「完全に置換可能」にする。オリンピックというスペクタクルは総じて第三のスペクタクルに収斂されるが、都市と時代の状況に応じて、第一の、あるいは第二の属性が優位になる。一九三六年のベルリン大会はすぐれて第一の、地元資本の大量投下によって営利的成功を収めた最初の大会である一九八四年のロスアンジェルス大会はすぐれて第二のスペクタクルだった。

二〇〇四年のアテネは、高祖によれば、第三のスペクタクルが自壊の端緒を印した大会となった。現在に至るギリシャの経済危機の連鎖は、このオリンピックを契機として起きたからである。そして二〇一六年のリオデジャネイロは、下層民衆を中心とした五輪反対勢力と治安部隊が、公然と対立するなかで開催される最初の大会となるだろう。それは第三のスペクタクルの瓦解をいっそう加速するに違いない。

高祖が参照するマッケンジー・ワークは、ドゥボールによって記述された以上三種のスペクタクルに加えて、第四のスペクタクルの類型を提案する。それは「崩壊するスペクタクル」と呼ばれる。みずからの「構築から発生する反スペクタクルによって浸食される」ことをその生理とするこのスペクタクルは、「リサイクルせよ！」をその指令語とする。それは自然破壊、気候変動、資源枯渇等、一切の破局を糧に生き延びるスペクタクルであり、その本質は現代オリンピックにともなう暴力的開発に端的に露呈している。惨事便乗型資本主義の最悪の形態として強行されつつある二〇二〇年東京大会の、主要な特性となるのがこのタイプのスペクタクルであることは想像に難くない。

「東京2020オリンピックは、第四項「崩壊するスペクタクル」を全面的に推進してゆくだろう。(…) だがここでついに、われわれは立ち止まらざるをえない。この決定的事実の前で……。放射能汚染はリサイクル不可能であり、決してスペクタクルにはなり得ない。(…) 核分裂は「絶対的反スペクタクル」あるいは「純粋出来事《ピュア・イヴェント》」なのだ。そして皮肉なことに、おそらくここにこそ、東京2020オリンピックに対抗する為の契機が介在している。(8)」

以上の正確な分析に、日本政府が依然固執している核燃料サイクルの不可能性もまた、「リサイクルせよ！」という指令語の限界を印すものとして加えてもいいだろう。

この第四のスペクタクルを解体するために第一に必要な作業は、「東京における放射能汚染の実体を、あらゆる形式の「情報」として世界中に流し続け」（強調引用者）ることである。それはハンナ・アーレントの次のような洞察と、はるかに響き合う提案だろう。

「多数の独立国を覆う今日の世界的な規模のコミュニケーション・システムのもとでは、現存の権力のうちで、自らのイメージをそっくり押しつけうるほど強大なものはどこにも存在しない。したがって、イメージの平均余命は比較的短い。（…）世界政府ができた場合でも、あるいはそれとは別の現代版パークス・ローマーナのもとでさえも、イメージの平均余命が著しく延びることはありえないだろう。（…）イメージはつねに説明可能で、真実味を帯びたものにすることができる。それによってイメージは事実の真理に対して一時的に優位に立つが、しかし、イメージは安定性の点で、しかじかであって別様でない端的に存在するものには到底及ばない。[9]」

とはいえ私たちの「情報」戦は、いまだ十分に〈組織〉されているとは言えない。それは民衆のさまざまな層が抱いているオリンピックに対する多様な異議や違和感を〈組織〉する方途が、いまだ発見／発明されるべく残されていることと平行している。

さしあたり必然的なこの欠乏を見据えること、愚民政策と棄民政策が一体となった究極の「スペクタクルの政治」を迎え撃つ闘いはそこからしか始まらない。リオから私たちが引き継ぐべきは利権まみれの「聖火」ではなく、いまやグローバル・ファシズムと化した五輪攻撃と対決する、民衆闘争の国際主義的な大義である。

註

（1）http://www.kantei.go.jp/jp/96_abe/statement/2013/0907ioc_presentation.html

（2）ハンナ・アーレント「真理と政治」、『過去と未来の間』、引田隆也・齋藤純一訳、みすず書房、一九九四年、三一三頁。

（3）同書、三四三頁。

（4）この経緯については以下のインタビューにおける谷口源太郎氏の発言を参照。「東京五輪をスポーツ・ナショナリズムの「終わりの始まり」の契機に」（インタビュアー・鵜飼哲）、『インパクション』一九四号、二〇一四年四月。

（5）作田啓一「高校野球と精神主義」、『恥の文化再考』、筑摩書房、一九六七年、二五七頁。

（6）同書、二六七頁。

（7）小田実「平和の倫理と論理」、『展望』九二号、一九六六年八月、四一―四二頁。

（8）高祖岩三郎「オリンピック――かくもおぞましきスペクタクル」、『インパクション』一九四号、前掲、九〇頁。

（9）アーレント、前掲、三四九―三五一頁。

オリンピック・ファシズムを迎え撃つために——利権まみれの「聖火」を拒否する!

『原発あかん・橋下いらん・弾圧やめて! 12・11鵜飼哲講演会』@天王寺区民センターホール　2016年12月11日

オリンピック・ファシズムの予兆と進捗状況

「オリンピック・ファシズム」という言葉を、私は使っています。運動としては「オリンピック災害」という言葉をこれから広げていこうと考えています。そもそもの経緯から言って、福島第一原発の事故と今回の東京オリンピック招致は、ダイレクトに繋がっている。それは安倍政権以前、野田民主党政権の時代から、東京都主導で始まっていました。今年(二〇一六年)ブラジルのリオデジャネイロでオリンピックがあったわけですが、「二〇一六年五輪」にも東京都は立候補していました。すでに〈前の前の前〉の知事になってしまいましたが、石原慎太郎の時代です。そこからの経緯を、最初にざっと追っておかなければなりません。

「これはもしかして……」という最初の嫌な予感が走ったのは、「上からの動員」が目に見える形になった四年前の二〇一二年八月二〇日のことでした。それは東京で反原発運動が最も高揚していた時期だったと言っていいと思いますが、ロンドン・オリンピックの五輪選手団が帰国して銀座パレードなるものが行われました。当時、原発反対のデモに一〇万人近い人々が参加することもあったのに対し、その時期にこのパレードは五〇万人を集めたとされます。これは反原発運動をはっきりと意識して行なわれた政治的な対抗動員であり、さまざまなメディアが関わってこういう事態が作為されたわけです。このパレードには二つの目的がありました。一つは福島第一原発の事故から民衆の耳目を逸らすこと。当時、隅田川のそばにスカイツリーが建ったということも、信じられないくらいの頻度で毎日徹底的に話題化されました。こうしたことすべてが、原発事故を後景化し、民衆の関心を原発問題から逸らす目的をもっていたことは明らかです。二つ目は、オリンピック二〇二〇年招致に対する東京都民の支持率を向上させること。そのための大衆操作という面が確実にありました。というのも、二〇一六年招致に失敗したのは、東京都民の支持率が三〇から四〇%と非常に低かったからです。二〇二〇招致に向けて無理やり支持率を上げるということが画策され、最終的に七〇%まで上がったとされます。

二〇一二年の目玉は女子サッカーでした。「なでしこジャパンが銀メダル」と、メディアが連日連夜報じていました。それから四年経った二〇一六年一〇月七日、リオ・オリンピック・パラリンピックの選手団の凱旋パレードは、「四年後は東京だ」という大宣伝を伴って行われました。公称八〇万の群衆が集まり、「戦勝祝賀凱旋行進」のイミテーションかというおもむきでした。ただし、招致決定前の四年前に五〇万で今回八〇万という数字の推移を多いとみるか少ないとみるか、微妙な感じがしないでもありません。おそらく、オリンピックを推進してきた側は一〇〇万は集めたかったのではないかと思われます。いずれにしても、東京オリンピックを巡って今私たちの周囲で起きていることは、様々な形で「上からの動員」の構造がつくられる中で生起しているのです。

オリンピックやりたい、観たいという人は、もちろん少なくないと思いますが、招致決定後、非常に強い支持を受けているとも正直思えないのです。国立競技場の設計問題、裏金問題、エンブレム問題など、目も当てられないぐらい次から次に問題が出てくる。都知事も次々に引きずり下ろされる。いったい何が起きているのか、皆が「おかしいぞ」という気持ちぐらいは持ち始めていると いう状況があります。さらに、築地市場の豊洲移転問題が持ち上がりました。何よりも、開催予算の膨張ですね。招致当時の猪瀬都知事はツイッターなどで威丈高にコンパクト五輪を喧伝していたのに、いつのまにか三兆円という数字が出てきている。インターネットなどで見られる「もうオリンピックは止めよう」という意見の、一番広範な根拠はこの点にあります。財政赤字、貧困層の増大、少子化、災害頻発のこの時代の日本に、こんな巨額の開催費を投入してオリンピックを招致する意味があるのか。開催後に不況が来ることが明白な中で、経済効果など無きに等しい。開催費の大半はゼネコンや大手不動産会社に流れる、大会組織委員会会長である森喜朗を中心とする利権構造のなかに吸収されていく――さすがにこれくらいのことはもはや誰でも分かるし、共感も得やすくなっています

一方、東京で地道に反五輪運動を続けてきた人たちの中心的な活動は、まず明治公園からの野宿者排除に反対する闘いでした。それから、「霞ヶ丘アパート」の取り壊し問題があります。ほとんど取り壊されつつありますが、まだ三世帯の方が、しかもかなり高齢の方が住み続けておられます。[1]「反五輪の会」はこうした具体的な住民排除の問題にかかわりながら持続的に闘っています。小池都政になってからも、東京都と国とＪＯＣの関係の調整は非常に混乱しています。小池百合子新都知事の下である種のポピュリズムが煽られて、予算を少し減らすとか、会場を変えるというくらいの微調整で話が纏まってしまうのではないかと、私たちはとても危惧していました。ところが、利権の構造はどうやらとても深いところにビルトインされているらしく、一時的に人気者になった都知事の下で何かただちに変えられるというような

ものではないということがまもなく分かってきました。パフォーマンス政治の限界です。

辺野古の米軍基地建設にも、東京オリンピックの再開発にも、大成建設という建設会社が深く関与しています。このところ東京でデモをするときには必ず大成建設本社前で、沖縄とオリンピックを横断する内容のシュプレヒコールを行います。

東京招致が決まる段階で「おもてなし」ということが盛んに言われました。「おもて（表）なし」ということは「裏ばかり」ということですが（笑）、「オリンピック競技場建て替え問題」、最初の案がご破算になった「エンブレム盗作問題」、フランスの検察がどういう判断を下すかいまだ不明の「招致決定の際の裏金問題」等、こんなに「裏」がいくつもあるとは、正直言って反対派の予想をはるかに超えています。呪われた五輪と言われるゆえんです。

リサイクル・ナショナリズムと「東京再開発」

先ほども触れましたが、招致当時の都知事は猪瀬直樹という人でした。その彼が汚職問題で辞任に追い込まれ、二〇一四年二月の都知事選で選ばれたのが舛添要一という人でした。このめまぐるしい都知事の交替の背後に何を見るべきでしょうか。誰が二〇二〇年東京五輪の主役になるかということをめぐって、権力政治の内部で相当のヘゲモニー争いがあるということ、そしてそれが、利権の問題と深く絡んでいることは確かでしょう。仮に今のまま小池都知事が任期途中で辞めさせられなくても、四年後に、五輪前に次の都知事選がありますだから、二〇二〇年大会時の東京都知事が誰か、まだわからないわけです。叩けばいくらでも埃が出る人ばかりですから、小池百合子を引きずりおろすという動きが出てこないとも限らない。リオ・オリンピックの閉会式に、森喜朗に頼まれて安倍晋三がマリオになりにいったりしているのも、こうした矛盾の徴候と見るべきでしょう。

一九六四年の東京オリンピック、この時代に日本は高度成長期で、元気が良くて、皆明るかったという神話ができ上がっています。しかし、そんなことは全くありません。当時私は小学校四年生でしたが、つまらない作文は書かせられるわ、何やっているのかよくわからない競技の予選を見に連れて行かれるわ、今から思い返すと散々でした。それでも煽られる中で、毎日テレビを見ていました。「あの時代の日本はよかった。あの頃の日本を思い出し、さらにそれを超えるようなオリンピックにしよう」というキャンペーンが、今、公共広告機構によって行われています。

リオ五輪の最終局面で東京の電車の吊り広告に現れたスローガンは「ライバルは一九六四年」。その字の横に植木等の笑顔の写真がある。私はこれを「リサイクル・ナショナリズム」と呼んでいるのですが、要するに「夢よもう一度」ということで、二〇一六年招致計画の石原案のコンセプトにこの考え方は象徴的に現れています。ソウルで一九八八年にオリンピックがあり、二〇〇八年に北京であって、石原慎太郎の物の感じ方からすると、東アジアの国々の首都で仲良く一回ずつオリンピックが開催されたということでは納得できない。日本でもう一度やる。そしてその「もう一度」も、反対運動で立ち消えになった名古屋（一九八八年大会に立候補）や、あるいは二〇一六年招致に関して出てきた福岡案、こうした「東京以外の都市にオリンピックを」という声を蹴散らして、「もう一度」東京へ持って来る。

日本の資本主義はいま、東京を再開発したいという欲求を強く持っています。現在のアジアの新興都市に比べ、東京という街そのものが古くなってきている。それから、マッカーサー道路(2)のような戦後直後からあった計画でまだ実現していない道路建設などもある。近々地震があるという予測はまったく無視して、利権構造のなかから出てきた再開発計画です。要するに、二〇一六年東京招致案の下地にはアジアの新興国への対抗心がありました。福岡へのオリンピック招致のプレゼンテーションは姜尚中さんがされたのですが、その時に石原慎太郎が「怪しげな外国人が出てきて」という侮蔑的な発言をしています。このことも、二〇一六年招致のコンセプトにレイシズムが含まれていたことを示しています。二〇二〇年招致の際、トルコのイスタンブルが競合していたわけですが、猪瀬都知事（当時）が「イスラム国家が共有するのはアラーだけで、互いに喧嘩しており、階級がある」などと、五輪招致合戦では御法度とされている中傷を目的とした発言を行ったこととも繋がる問題です。

とはいえ、今日、私はここで「オリンピック自体は素晴らしいけれども、日本ではこういういかがわしい人たちが関わっていて利権を貪っているからいけない」という話をしに来たのではありません。近代オリンピックそのものの起源を探っていくと、それが今触れたようなレイシズムと、相容れないものであるどころか、極めて深く絡み合っているということが見えてきます。

「リサイクル・ナショナリズム」は、首都中心主義、地方蔑視を必然的に伴います。福島第一原発事故は全然終わっていないにも関わらず、「アンダー・コントロール」という世紀の大ウソによって招致されたのが、二〇二〇年の東京オリンピックです。

原発事故だけではありません。津波で破壊された東北の三陸沿岸地域の復興も、遅々として進んでいません。オリンピックのために資材も人件費も高騰し、大変な困難に直面しています。今年（二〇一六年）四月に地震に見舞われた熊本でも、同様な状況があると聞いています。東京へのオリンピック招致とは、首都の再開発を、被災地の復興よりも優先するということです。それなのに、あろうことか、二〇二〇年東京オリンピックは、「復興五輪」と銘打たれているのです。これは「集団的自衛権」の行使を「積極的平和主義」と呼んで戦争を平和と言いくるめる、安倍政権の他の言葉の使い方とまったく同じです。現実は「復興妨害五輪」であって「復興五輪」どころではありません。まさに正反対なのです。

『反東京オリンピック宣言』

現在テレビなどでは、オリンピックとは何かということについて、「オリンピック憲章」と真逆のことが語られています。東京都教育委員会が作成した学校教材『オリンピック・パラリンピック学習読本』には、オリンピックの目的のひとつは国威発揚であることが明言されています。後に述べるようにオリンピックそのものが決して勧められるような代物ではないのですが、現在のオリンピック憲章には一応、オリンピックの目的は国威発揚ではない、あるいは旗や歌などについても、あくまでも選手団のものであり、「国」のものではないということが明記されています。ところが、このような理念に公然と背馳する勝利至上主義と国威発揚思想が、NHKによって公然と喧伝されているのです。私の世代は先ほどもお話ししましたように小学校の時にオリンピックを経験していますが、当時耳にタコができるくらい繰り返し聞かされたのは、「オリンピックは参加することに意義がある」という言葉でした。オリンピックは「平和の祭典」とも呼ばれています。しかし現在進行していることは、明らかに、オリンピックによって戦争が準備されつつあるということなのです。

一九世紀から二〇世紀にかけてのヨーロッパを見ても、近代オリンピックが始まって二〇年足らずで第一次世界大戦が勃発しています。一九三六年のベルリン大会の三年後にナチス・ドイツの侵略によって始まった第二次世界大戦については言うまでもありません。オリンピックが平和を促進するという考えは、歴史的事実に反していますが、そクーベルタン自身の思想を後で検証しますが、そこでも明らかになることですので、心に留めておいて下さい。

現在「アスリート・ファースト」などという美名のもとに選手養成に巨大な資本と資源が投入されています。これは一種の聖域とみなされ、この名目であればいくらでもお金をつぎ込んでよいことになっています。それは、防衛予算が急激に膨張しつつあることと完全に並行的な過程です。一気に戦争に傾斜しつつある時代の流れの中に、二〇二〇年をある種のターゲットイヤーとして、オリンピックが準備されているのです。

招致が決まった後、二〇一四年に『インパクション』という雑誌（現在休刊中）の一九四号で「返上有理」という特集を組みました。「有理」というのは、ここにいらっしゃる世代の方々はお分かりかと思いますが、中国のプロレタリア文化大革命で唱えられた「造反有理」の「有理」です。その縁で『反東京オリンピック宣言』（航思社、二〇一六年）という共著に声を掛けていただいたわけですが、私自身、この本で勉強させてもらったことが膨大にあります。若い研究者の方たちが、オリンピックについてこれほどきちんと調べているることを知って、とても感動しました。二〇一〇年にカナダのバンクーバーで行われた冬季五輪、リオの前のロンドン五輪、二一世紀に入ってオリンピックは、次第に大きな反対運動に直面するようになってきているのです。そのことに関して、主に英語の文献が多数出版されていて、そうした仕事を参照した大変興味深い分析の数々が『反東京オリンピック宣言』には収められています。英語圏に比して、クーベルタンの祖国であるフランスでは、オリンピック批判の本はあまり出ていないようです。それでも少数ながら鋭利な批判的検証はあって、そうした著作を参考にしつつ、近代オリンピックの創設理念は元来どのようなものだったのか、私も最近になって少し調べ始めています。その一端を、これからお話ししたいと思います。

近代オリンピックの起源とクーベルタンの思想

クーベルタンはどんなことを考えていた人なのでしょうか。結論から言いますと、近代オリンピックというものは、最初の最初から戦争と骨絡みでした。これは、フランスという国について皆さんが持っているイメージと少しずれるかもしれませんが、一九世紀のフランスは、隣国との戦争で負けたことに非常に強いコンプレックスを抱いていました。

まず、一八一五年にワーテルローで、エルバ島から抜け出したナポレオンが率いるフランス軍がイギリス、プロシア等の連合軍に敗北します[3]。これが大変大きなトラウマになっていく。その時以来言われるようになったのは、「ドイツとイギリスの兵士は強い。それは身体の鍛錬が教育の一部になっているからだ」ということでした。伝統的にフランスの教育はそうではありませんでした。現在でも学校に校庭みたいなものはあまりありません。当時「ナポレオンはイートン校の運動場で敗れた」という言い方がなされたほどです[4]。その時から、イギリスですでに確立されつつあった青少年の身体を強化するプログラムを、どのようにフランスの教育の中に組み込んでいくかという課題が生まれました。

クーベルタンは一八六四年の生まれで、一九六四年の東京オリンピックは、クーベルタン生誕一〇〇周年でもありました。彼の世代はさらに大きな、もうひとつのトラウマとともに成長していくことになります。一八七〇年の普仏戦争です。前の戦争はナポレオン・ボナパルトの敗北ですが、この戦争はその甥であるルイ・ナポレオン(第二帝政)が宰相ビスマルクのプロシアと争って敗れたものです[5]。

ドイツでも「身体教育」、要するにスポーツは、イギリス同様に相当深く根を張っていました。そのモデルは、言うまでもなく古代ギリシャです。古代ギリシャから現代につながる様々な文化が形成されたと私たちは教えられてきましたが、そういう考え方が確立するのは実は一九世紀なのです。そして、普仏戦争後に成立した第三共和制の時代に、イギリスやドイツにすでに深く根を下ろしていたギリシャ至上主義、つまり文明は古代ギリシャで決定的に開花したのであり、近代ヨーロッパはその正統的な後継者であるという考え方が、それまでローマ文明の継承者を自任していたフランスでも根づいていきます。ギリシャ文明が比較を絶して卓越しているという観念がないところに、古代ギリシャで千年の間行われていたオリンピックを復活させようなどという思想は発生するはずがありません。

クーベルタンは、身体の鍛錬をフランスの教育に導入することをみずからの課題とした人です。むしろそのためにこそ、国民間の平和的な競争の機会として、オリンピックの復活を提唱したと考えられます。この辺りはちょっとややこしいかも知れません。イギリスやドイツからいいものなら素直に学んでさっさと導入すればよさそうなものなのですが、フランス人の中には「反英嫌独」が深く根づいていました。「奴らの真似なんかしたくない」という恐ろしいほど強烈な排外主義、スポーツを下等な所業として蔑視する教育界・貴族層・上流社会の抵抗を解除して、どのようにフランス人を、とりわけ若者たちをスポーツ好きにすることができるか。これは当時のフランスでは容易ならぬ一大プロジェクトだったのです。クーベルタンはこのプロジェクトの実現のために、窮余の一策としてオリンピックを考案したのだと言っても過言ではありません。

国際オリンピックと言っても当時はヨーロッパの国々だけですが、オリンピックでフランスが勝てるようになるためには、フランスにスポーツを導入しなければならないという論法です。考えてみればサッカーもラグビーもイギリスの発祥ですし、フランスで始まったスポーツはほとんどないわけですね。第一回オリンピックでフランスが勝利したのは自転車競技とフェンシングだけでした。一九二四年にフランスの提唱で冬季オリンピックが始まるのも、自国に有利な種目が多かったからです。フランスは元来、スポーツに熱心な国ではありませんでした。

このように、一九世紀フランスの、戦争における敗北を背景とする対英、対独コンプレックスから、近代オリンピックの理念は生まれたのです。そもそもギリシャから科学・学問・スポーツ等、普遍的とされる文明が始まったという考え方自体が、ヨーロッパ史のなかでも比較的最近構築されたということが近年明らかにされてきています。例えば、マーティン・バナールという人の『ブラック・アテナ（黒いアテナ）』は、ギリシャ文化の重要な要素がエジプトから渡来したものか、あるいはフェニキア人の影響を強く受けたものであるということを論じた本です[6]。バナールによると、一九世紀に植民地支配が拡張していくにつれて、この二つの視点は、古典研究の中からどんどん排除されていきました。ヘロドトス[7]など古代ギリシャの歴史家自身が書き記した、ギリシャ文明のエジプト起源説、東方起源説は科学的根拠の名のもとにすべて否定されてしまい、文明はもっぱら、ヨーロッパ人種とみなされたギリシャ人によって創始されたと主張されるようになりました。ギリシャ文明は白人文明であり、ギリシャ人は優良・優秀な民族だった――これはまさに優生思想でありレイシズムです。一九世紀ヨーロッパのギリシャ至上主義、優生思想、レイシズムは、このように、一体のものとして形成されたのです。

次に、近代のオリンピックと古代のオリンピックの両方を見ながらどんな問題があるのかを考えてみましょう。フィンレイとピレケットの共著である『オリンピック競技の一〇〇〇年』（一九七六年）という本があります[8]。これは標準的なオリンピックの概説書ですが、アングロサクソンの古代ギリシャ研究者の、いわば外部的な視点で、近代オリンピックの創設にまつわるコンテクストが記述されています。さきほど触れた国家間抗争に加え、さらにパリ・コミューンの問題が扱われています。フランス革命によって身分制が廃棄され、資本制社会が形成されていくなかで、とりわけパリ・コミューン以後、どのように階級間の対立を融和してフランス人としての一体性を確立するか、ということが大変大きな問題になっていたのです。そして、この階級融和の手段として、スポーツが位置付けられていくわけです。

クーベルタンは『スポーツと植民地化』(一九一二年)の中で、こう述べています。

「スポーツは植民地化に知的かつ効果的な役割を果たしうる。我々ヨーロッパ人が「植民地支配を受けて当然」(«coloniales»)と見ること に慣れている諸人種(races)も、この数世紀間我々が彼らを支配し指導してきたが故に、大部分はスポーツに向かないわけではない。」

反英嫌独でスポーツ蔑視の上流フランス人とはまた別の種類の、しかし、やはり帝国主義的な思想の持ち主たちがいて、スポーツという高尚な営みはヨーロッパ人にしか可能ではなく、植民地人にスポーツは無理だと考えていたのです。それに対してクーベルタンは、「いや、あの人たちにだってできるんだよ」と言っているわけです。この種の論法は今もさまざまな関係性の中で用いられています。彼はさらにこう続けます。

「スポーツは規律化の道具であり、衛生、清潔、秩序、自己管理等あらゆる種類の優良な社会的性質を生み出す。原住民もこれらの性質を身につけたほうがよいのではないだろうか。そうすれば彼らは、別のやり方(強調鵜飼)をするよりも扱いやすくなるのではないだろうか。」

「原住民」はすぐ反乱を起こす。それを武力で鎮圧するより、スポーツによって規律訓練を施したほうがよいということです。当時フランスはモロッコを武力で制圧して保護領化し、抵抗する原住民の反乱に直面していました。クーベルタンは「武断統治よりも文化統治のほうが効率がいい、植民地の文化統治にはスポーツが役に立つ」と主張したのです。広く流布されているクーベルタンの「平和主義」とは実はこのレベルのことなのです。これが彼の平和思想の正体であって、現在のオリンピック憲章や理念もこのような考え方と地続きです。クーベルタンのオリンピック理念の中に、植民地主義、優生思想、社会ダーウィニズム等、一九世紀後半のヨーロッパに特有の、差別的な思想の要素がすべて含まれていることがお判りかと思います。

オリンピックとナチズム、そして「反オリンピック」の流れ

次は、一九三五年八月四日にベルリンでクーベルタンが行ったラジオ放送からの引用です。

「近代オリンピックの第一の本質的特徴はそれが宗教だということである。彫刻家が彫刻を彫琢するように自分の身体を鍛錬によって彫琢することで、古代のアスリートたちは神々を〈崇めていた〉のである。近代のアスリートたちは、同じようにすることで彼の祖国、彼の人種、彼の国旗を称揚するのである。近代オリンピックの第二の特徴は貴族制であり選良だということだ。もちろん起源はまったく平等な貴族制である。なぜならそれは個人の身体的な優越性とある程度までは意志的な訓練によって向上させうる筋肉の可能性によってのみ規定される貴族制だからである。」

このような発言を残した人物が、いまだに世界中で聖人のように崇められているのです。二〇二〇年東京五輪については、先ほどお話ししたように、石原慎太郎、森喜朗、安倍晋三等、私たちにとって直近の「悪者たち」の顔がすぐ浮かんでしまいますが、近代オリンピックは初めから相当ひどいものだったのです。もちろん、現在のオリンピック憲章に照らして二〇二〇年東京五輪のキャンペーンの「こういうところが問題だ」という批判もしていくべきなのですが、そもそもの近代オリンピックがどのような成り立ちを持つものなのかを検証する作業もまた、今求められていると思います。

クーベルタンはこの時期、ヒトラーに完全に籠絡されたと言われています。この放送は、ベルリン・オリンピックの準備過程で、近代オリンピックの創始者がみずからベルリンに赴いて行った講演です。ほぼナチスの思想そのものですね。実際、クーベルタンはベルリン五輪を手放しで礼賛しました。現在私たちは、あの大会をリーフェンシュタールの映画『民族の祭典』『美の祭典』で見ることができます。クーベルタンが何を絶賛したのか、じっくり考えてみるべきでしょう。

では、クーベルタンの崇拝者であったIOCのメンバーはどういう人たちだったのでしょうか？

この時すでに新ナチ派の委員だったエイヴリー・ブランデージという人物がいます。アメリカ人のこの元アスリートは、一九六四年東京五輪のときも、その次の一九六八年大会、メキシコ・オリンピックの時も、IOCの会長でした。彼が、親ナチの思想と経歴の持ち主であったが故に、ご記憶の方もあるかと思いますが、メキシコ・オリンピック陸上二〇〇メートルで一位と三位になったアメリカの黒人選手、トミー・スミスとジョン・カーロスが表彰台で黒い手袋をはめた拳を上げて抗議をしました。この「ブラック・パワー・サリュート（Black Power Solute）」は、アメリカ公民権運動との連帯だけではなく、実は「ブランデージからメダルを受け取りたくない」という意思表示でもあったのです。

このことの詳細は先に触れた『反東京オリンピック宣言』中の山本敦久さんの論文「アスリートたちの反オリンピック」に述べられています。先日亡くなったモハメッド・アリのエピソードから始まる素晴らしい文章です。あの写真を覚えている方もおられるでしょう。黒人選手二人が拳を掲げている横で、二位の白人選手がなんとなくひとりだけよそをむいている印象がありますが、オーストラリア人である彼も、実は連帯のバッジを付けていたのですね。その彼、ピーター・ノーマンが二〇〇六年に亡くなった時、その葬儀にスミスとカーロスが参列して、その柩を担いだという感動的なエピソードも紹介されています。

森や安倍が、何故これだけ無理を重ねながらオリンピックを強行しようとするのか？ 一九三〇年代の過去も、二〇一〇年代の現在も、近代オリンピックはファシストたちによって、単に利用されてきたのではありません。ファシズムと同根の思想を、最初から持っていたのです。この点が非常に重要です。フランスには元々国家的なスポーツ礼賛に反対する人たちがいたという話をしましたが、それはあくまで反英嫌独という排外主義から出たものでした。それに対し、革新的なスポーツ批判の伝統も、フランスにはあったようです。

国家的なスポーツ礼賛を通じて、身体の理想というものが勝手に作り上げられてしまう。それは人間の身体的な可能性に枠をはめ、優生思想にもとづくヒエラルキーを作ることにつながります。アナーキストや様々な文化運動の側から、この点に執拗な批判がなされてきたのです。シュルレアリスムは一貫して「反五輪」の立場を掲げていました。これは、私がフランス文学の研究者でありながら、恥ずかしいことに最近まで知らなかったことです。一九三〇年代のスペイン内戦の時、シュルレアリスムは、スペインだけがないヨーロッパ地図を作ったりする手法を駆使して文化的抵抗を組織しました。一九六三年、最後のシュルレアリスム展で、クロアチア出身の詩人・劇作家ラドヴァン・イヴシックは、そのモチーフを借りて、「スポーツ抹消機械」というものを展示しました。新聞をその機械に入れるとスポーツ欄だけ真っ白になって出てくるというものです。「スポーツは民衆の新たな阿片である」という主張とともに、「スポーツ礼賛」に向かう時代を批判したのです。こうしたタイプの批評精神も、今後さらに掘り起こしていきたいと思っています。

「復興五輪」の論拠と批判

それにしても、「復興五輪」とは、いったいどういう意味でしょうか？　これについては阿部潔さんが、『反東京オリンピック宣言』中の「先取りされた未来の憂鬱——東京二〇二〇年オリンピックとレガシープラン」という論文で緻密に分析されています。

二〇一一年の地震の後、まだ民主党政権の時代ですが、「がんばろう日本、がんばろう東北、がんばろう福島」というスローガンが出てきました。私はこれが本当に嫌でした。よくよく耳を澄ますと、「がんばろう日本」というかけ声の中に、「変わらなくていい」というメッセージが聞こえてこないでしょうか。原発事故で今こそ日本は変わらなくてはならないという機運が出てきていたときに、「変わらなくていい」というささやきが、あの標語の裏に隠されていたように感じられたのです。「日本は過去繰り返し大きな災害に見舞われてきた。それでもいつも復興してきた。その証拠に天皇がいる。天皇がいる以上、日本は日本のままなのだ。これまでと同じようにがんばって復興しよう。そして変わらずにいよう」。そんな超保守的なメッセージが、倍音として響いていたと思えてなりません。

この「がんばろう日本、がんばろう東北、がんばろう福島」からオリンピックの「がんばれニッポン！」へ、ものの見事にスライドしていくわけです。しかし、先ほどもお話ししましたように、東京の再開発が優先されることで、被災地における資材・資金・労働力の不足が実際に起きている。福島第一原発の事故は、日本の資本家階級にとってはとてつもなく深刻な危機であって、その危機を突破するために、実は非常に無理をしている。その「無理」が、この間次々に出てきているオリンピック騒動に現れているわけです。私たちはこれを見逃さずに正面から対決していく必要があります。彼らの危機を、民衆の解放の方向に転化させていく努力が大切だと思います。

原発事故は持続しています。除染や収束作業に従事する労働者の方々は、日々被曝しながら働かざるを得ません。何よりも、十数万の方々がいまだに避難生活を強いられています。常識的に考えて「オリンピックどころではない」はずです。「何を考えているんだ」と言いたくなります。とはいえ、彼らは彼らなりに考えていることがある。それをきちんと見抜き、批判していかなければなりません。

先ほどの阿部さんの論文「先取りされた未来の憂鬱――東京二〇二〇年オリンピックとレガシープラン」によると、「復興」という言葉が推進派によって再定義されているようです。今年（二〇一六年）の一月に公開された、東京オリンピック・パラリンピック競技大会組織委員会の『東京2020アクション&レガシープラン2016～東京2020大会に参画しよう。そして、未来につなげよう。～中間報告』という長いタイトルの報告書には、「一九四〇年の〈幻の東京五輪〉がすでに関東大震災からの〈復興〉」だったと書かれています。一九四〇年と言えば「紀元二千六百年」だったわけですが、この中間報告にはそのことは一言も出てきません。[9]「関東大震災からの復興に世界から支援を受けたことに感謝を表わすために開催するという位置づけで考えられていた」とだけ書かれています。阿部さんが指摘される通り、これはある種の歴史修正主義です。

一九六四年については戦災からの復興であり、支援をしてくれた世界の国々に感謝を表した大会だった。そして二〇二〇年は、東日本大震災からの復興五輪になるだろうと言う。しかし、言うまでもなく、二〇二〇年に被災地は復興していないでしょう。原発事故も続いているでしょう。つまり、復興の代わりに、五輪によって復興のイメージだけを作為しようとしているのです。現実の復興を先取りし、演出し、祝賀する祭典。現実には「復興妨害五輪」なのに「復興五輪」であると言い募ることは、現実の復興を復興のイメージで置き換えることにほかなりません。今から「復興したことにする」、そのためにオリンピックを強行するというあちら側の決意が、ハッキリと中間報告からにじみ出ています。レガシー（遺産）といっても「負のレガシー」が待っていることは、火を見るよりも明らかです。後の世代には借金の返済だけが想定されているのです。

ロンドン・オリンピックなどの分析を見ても、五輪をめぐる言説は、世界の支援に感謝・感謝・感謝の連発でできているようです。最近のオリンピックは、どこでも「世界に感謝」なのです。「資本主義はこんなに素晴らしい」という資本主義の自画自賛の独り言を、「セレブレーション・キャピタリズム（祝賀資本主義）」という言葉で分析している人たちがいます。これについては『反東京オリンピック宣言』にジュールズ・ボイコフの大変素晴らしい論文「反オリンピック」が訳出されています。「惨事便乗型資本主義（＝ショック・ドクトリン）」[10]と「セレブレーション・キャピタリズム」が合体したところで、二〇二〇年の東京オリンピックは構想されているのです。

「オリ・パラ」で踏みにじられるもの

最後に、このオリンピック・パラリンピックの名のもとに踏みにじられるものとは何か、あらためて考えてみたいと思います。

第一に、被災地の地道な「再生」への努力です。二〇一一年三月の事故の直後、目指されるべきは「再生」なのか「復興」なのかと議論されたことは、現在は忘れられてしまっていますが、大切なことだと思います。言葉通りに解釈すれば、福島が復興するということは、原発まで復興してしまうことになります。原発再稼動まで、「復興」という言葉には含まれ得るわけです。そうではなく、これまでとは全く異なる地域の共同生活を創り出す、それを「再生」という言葉で表すべきだという主張がありました。そして、そのような地道な歩みを続けているところが被災地の随所にあるのですが、その努力が五輪によって踏みにじられるのです。

第二に、東京地域住民の生活権を挙げるべきでしょう。先ほど触れた排除される野宿者・生活者だけでなく、東京の生活圏の至る所に工事の騒音が響き、何よりも都民税が大々的に浪費されていくことになります。

第三に、優生思想・能力主義に抗して生きる障害者の人権が愚弄の対象とされるおそれがあります。私は、パラリンピックとは、基本的に障害者同士を能力主義によって分断するものだと考えています。神奈川県相模原市でおきた障害者に対する殺傷・虐殺事件のことをここで考えざるを得ません。この事件は、私の住まいから車で一時間ほどの場所で起きました。この事件について繰り返し考えることを通して、優生思想に反対する思想や運動を強化すべき時代に、私たちは生きているのだということを確認すべきです。

第四に、列島住民全体の基本的人権が狙われています。現在、マイナンバーカードを全員が取得するよう、陰に陽に圧力がかけられています。オリンピックの時には、日本在住の人間に関しては、競技場に観客として入る際に、その提示を求めることが画策されています。

第五に、将来の世代の決定権が蔑ろにされようとしています。先ほどの「レガシー」の問題ですが、決定権は将来の世代にあるはずなのに、勝手に借金というレガシー（遺産）が遺されて、それを管理しなければいけないことになるのです。オリンピックは膨大な赤字が出ます。実は、ローマは一九六〇年のオリンピックの借金をまだ返し終わってないんですね。この前、ローマが次の五輪に立候補するのを諦めた理由の一つは、それだったのです。では、日本はいつ返し終わったのか？

これは、今のところ、研究者の間でもよくわからないのだそうです。東京は、二一世紀中ずっと借金を負い続けることになるかもしれません。

第六に、少数民族の自己決定権のことを語らなければなりません。この点に、私は特別な注意を促したいと思います。二〇一〇年のバンクーバー冬季大会では、多くの先住民族の居住地区が巻き込まれました。賛成のコミュニティもあれば、反対のコミュニティもあった。反対した先住民コミュニティの長老の一人が、逮捕・拘留されている間に獄死させられるという悲劇的な事件が起きています。[11] 二〇〇八年の洞爺湖サミットでは、アイヌ民族の一部の人々が、この機会にアイヌ民族の存在を世界に知ってもらいたいという希望を持って、関連イベントに参加していくことになりました。今度のオリンピックに関しても、アイヌ民族が日本の先住民であることを日本国家が認めないという現状で、アイヌ民族の中に分断が持ち込まれる可能性があります。沖縄について言うと、一九六四年の「聖火」は、まだ復帰前の沖縄から日本に入っていきました。当時沖縄で日本への復帰運動を担った人々が、「聖火は沖縄も通してくれ」と要望しただろうことは想像に難くありません。これは本当に難しい問題です。沖縄もスポーツがとても盛んな場所であり、沖縄の選手がオリンピックで活躍するところを見たいという強い願望を持っている人は多いでしょう。沖縄で継続されている反基地闘争との関連からしても、二〇二〇年東京オリンピックは、大変深刻な問題をはらんでいるのです。

最後、第七に「学校」です。私は、一九六四年の自分自身の経験を、かつて「一九六四年の少国民」という言葉で表したことがあります。[12] 戦争が終わって一九年経っていたわけですが、後から振り返ってみるとナショナリズムの煽り方は戦時期とそっくりで、そのことについては『反東京オリンピック宣言』の序文で触れています。また社会学者の作田啓一さんが当時オリンピックに反対する主張をされていたということを偶然知り、そのことについても少し述べています（本書一九四―一九七頁参照）。

ところで「参加することに意義がある」という言葉が、当初の文脈から切り離されて、六四年当時あれだけ徹底的に唱えられた背景には、戦後の教育基本法があったと思います。最初から「国威発揚のため」とは言えないような理念的な縛りがあったのです。それが二〇〇六年、第一次安倍内閣の時に改悪されてしまった。現行の教育基本法の下では、私たちの世代が被ったよりもさらに徹底的な動員とナショナリズムが組織されていくだろうと予想せざるをえない状況です。

ロンドンでもリオでも、オリンピックは、地対空ミサイル配備の下で行われました。つまり「非常事態」なのです。普通、私たちは「非常事態」は事件、事故、出来事であると、要するに「起きるもの」だと思っていますよね。でも、五輪というこの非常事態は、「起きる」のではなく「招致される」ものなのです。一言で言えば、それだけで、二〇二〇年オリンピックで東京を戒厳令下に置けるという、憲法改悪の先取的な意味を持つのです。もしかすると、二〇二〇年までに明文改憲という流れが確実になっていくかもしれません。

さらに、今の天皇の「生前退位」問題がこれに絡みます。これには明らかに、「オリンピックの頃に自分が死んだら大変だ」という先取り的な姿勢がうかがえます。前天皇死去の時のような「歌舞音曲禁止」は、オリンピックの最中にはできません。「日本では今やオリンピックの方が天皇陛下より偉いことになっている。それは怪しからん！」という、かなり突飛な反オリンピック論さえ出てきています（笑）。

思い出しておかねばならないのは、一九六四年の東京オリンピックの開会式は、昭和天皇裕仁が国際舞台に復帰する場として利用されたということです。かつて青山練兵場から明治神宮外苑競技場となった場所、それを取り壊してできたのが国立競技場です。わずか二一年前の一九四三年、学徒動員(13)の出陣式が行われたその場所で、昭和天皇は東京オリンピックの開会を宣言したのです。今回も、オリンピックを新天皇のお披露目に使う意図があるのでしょう。だから、一九年に天皇の代替りとラグビーのワールドカップ（もともと森喜朗はラグビーのワールドカップに使える競技場が欲しかったのです）、そして二〇年東京オリンピック、こういうスケジュールになってくる。言い換えれば、「東京オリンピックに反対しなければ改憲に反対できない」状況が、今作られつつあるのです。

しかし、東京でのオリンピックに反対する運動は、まだまだこれからです。自然災害ではない、自ら「招致する」非常事態とは何か――これが問題の核心だと思います。しかし同時に、先ほど見たように、オリンピックそのものの理念の中に、近代の資本主義、植民地主義、帝国主義、優生思想、レイシズムとつながる思想が埋め込まれている。しかも「ちょっとそういう傾向がある」というレベルではなく、理念の核心に埋め込まれているのです。

オリンピックの正体を見破る人々は増えています。こんなものは「いいかげんに止めるべきだ」という声は、世界中で大きくなりつつあります。バンクーバー、ロンドン、平昌、リオと、反対運動は受け継がれています。今回、いちむらみさこさんがリオ五輪の反対運動に参加されて、二〇一六年一二月二一日に東京でその報告会が行われます。お手元に届けていただいたのは「二〇二〇オリンピック災害おことわり連絡会」という名称で、いま私たちが立ち上げようとしている運動のチラシです。原宿の五輪橋から出発して、現在排除が行われていたり、これから競技場の建設が行われる地域を通るデモ行進も行います。来年から、こういう運動を始めていきたいと考えています。

利権まみれの「聖火」を拒否する！

オリンピック反対運動は運動構造がなかなか面白い、と思っています。ある意味で、内部矛盾が非常に厳しいのです。一方にスポーツ自体を否定する人もいる。この人たちは、当然のことながらオリンピック反対です。ところが、『反東京オリンピック宣言』の編著者である小笠原博毅さんと山本敦久さんはスポーツマンなんですね。「スポーツが好きだからこそオリンピックは許せない」という立場です。「スポーツ＝優生思想」という考え方の人たちとは思想的に距離があります。それでも、私としては、身体の記憶に根差した思想の違いは互いに認め合う形でやっていければと思っています。

「お金がかかりすぎる」「森が威張ってるのが許せない」「これだけ問題が多いのだから止めるべきだ」というふうに反対、疑問、異議申し立ての裾野を拡げていこうとする方向と、私たちがこれからやろうとしているように、「オリンピックの本質までえぐる」ことを追求する反対運動との間には、微妙な緊張が働かざるをえないことは承知しています。運動というものはそうした内部的な隔たりを、そしてまた世論との間の隔たりを、ばらばらにならないように何とかつなげながら、自分たちの考えを広めていく努力だと思います。五輪を返上すること、させることは、もちろん可能だと考えています。仮に結果として「返上」できなかったとしても、その過程で大きな不協和音をこの社会の中に引き起こすこと、歴史に痕跡を残して次の反対運動につなげていくことはできるでしょう。二一世紀前半のうちにオリンピックを「歴史にする」、つまり終わらせるということですね。それを目指したいのです。

次のオリンピックには、パリも立候補しようとしています。[14]しかし、パリは二〇一五年から非常事態[15]の下にあり、極右の台頭で次の大統領は誰がなるか見当もつかない緊張した時期に立候補を表明しました。「すでに非常事態を経験している」ことが売りになるようなものですね。この動きに対抗して、クーベルタンの祖国でも、ようやく五輪反対運動が組織され始めています。

こうした中で、これまでの反対運動からエールを貰いつつ、これからの反対運動とも連携しながらやっていきたいと思います。私たちの時代の国際主義は〈利権まみれの「聖火」を拒否する〉ことなしには発展しないでしょう。ぜひ関西でも運動を拡げていただきたいと思います。東京ほど直接的な影響はまだ見えていないかもしれませんが、例えば、大学などもどんどん動員されるようになっていくのです。オリンピックにボランティアとして動員されることを拒否するという声を広めていただきたいのです。集会・学習会等を企画することを通して、連帯を強化し闘っていきましょう。

註

（1）最終的に都営霞ヶ丘アパート一〇棟が取り壊され約二三〇世帯が移転を強いられた。明治公園とその周辺からは野宿者約三〇名が強制排除された。東京五輪準備を契機とした都内各所の強制排除の詳細については『反東京オリンピック・ガイドBOOK』（2020「オリンピック災害」おことわり連絡会編、二〇一八年）の六章「野宿者・生活者が排除される」、『で、オリンピックやめませんか？』（亜紀書房、二〇一八年）所収の渥美昌純「東京五輪と神宮

「再開発」——新国立競技場問題の何が問題なのか?・」を参照。
(2)「東京都市計画道路幹線街路環状第2号線」の別称。マッカーサーGHQ最高司令官が建設を命じたとされることからこう呼ばれる。
(3) 一八一五年六月一八日、ワーテルロー(当時はオランダ領、現在はベルギー領)近郊で、イギリス、オランダを中心とする連合軍およびプロイセン軍と、エルバ島を脱出したナポレオン・ボナパルト率いるフランス軍のあいだで行われた一連の戦闘。フランス軍が敗北しナポレオン戦争(一七九九—一八一五)が終結した。
(4) イートン校は一四四〇年創立の男子全寮制のイギリスのパブリックスクール。ワーテルローの戦いを指揮した将軍ウェリントンが後年同校の校庭でスポーツ観戦の際に述べたとされる言葉。
(5) 一八七〇年七月に勃発したフランス第二帝国とプロイセン王国の戦争。フランスが敗北し皇帝ルイ・ナポレオンは廃位、第三共和制樹立が宣言される。フランスはアルザス、ロレーヌ両州をドイツに割譲、パリでは蜂起した労働者による自律的権力機構「コミューン」が結成され(一八七一年三月)、ヴェルサイユに集結した正規軍に敗北するまで七二日間存続した。
(6) マーティン・バナール『ブラック・アテナ——古代ギリシア文明のアフロ・アジア的ルーツ (1) 古代ギリシアの捏造1785—1985』(片岡幸彦監訳、新評論、二〇〇七年)、『黒いアテナ——古典文明のアフロ・アジア的ルーツ (2) 考古学と文書にみる証拠(上・下)』(藤原書店、二〇〇四、二〇〇五年)参照。
(7) ヘロドトス『歴史』(全三巻)、松平千秋訳、岩波書店、一九七二年。
(8) 共著者の一人モーゼス・フィンレイはアメリカ合州国生まれのギリシャ史家。一九五〇年代にマッカーシズムのため教職を失い、イギリスに渡ってケンブリッジ大学で教育・研究に携わる。主著に『オデュッセウスの世界』(一九五四年)、『古代経済』(一九七三年)など。
(9) この年を神話上の神武天皇即位から二六〇〇年目に当たるとして、大日本帝国政府は一九三五年に「紀元二千六百年祝典準備委員会」を発足させ、奈良の橿原神宮や陵墓の整備などの記念行事を計画・推進した。これは一九三一年九月の「満州事変」以来の日中戦争の長期化、それにともなう物資統制による国民生活の窮乏や疲弊感への不満を、種々の祝祭や行事への動員・参加によって抑えようとした政策であり、そのなかでも最大のイベントとして五輪の東京招致が決定した。しかし一九三七年七月の「盧溝橋事件」以降の日中戦争の全面化のなかで、主として陸軍の主張によって、浪費的とみなされた五輪は返上されることになる。ちなみに八〇年後の二〇二〇年は明治神宮創建一〇〇年に当たり、国立競技場が明治神宮に隣接していることからも、日本における近代スポーツの歴史と天皇制の関係の深さが見て取れる。

(10) ナオミ・クライン『ショック・ドクトリン——惨事便乗型資本主義の正体を暴く』(上・下、幾島幸子・村上由見子訳、岩波書店、二〇一一年)参照。東日本大震災後の東北の被災地において類似的な動態を示す資本展開については、古川美穂『東北ショック・ドクトリン』(岩波書店、二〇一五年)参照。

(11)『反東京オリンピック宣言』、前掲、一四〇—一四一頁。

(12) 鵜飼哲『主権のかなたで』(岩波書店、二〇〇八年)、一六九—一七二頁。

(13)「学徒出陣」と表されることもある。一九四三年に、それまで兵役免除だった高等教育機関に在籍する二〇歳以上の文化系(および農学部農業経済科などの一部の理系学部の)学生を在学途中で徴兵し出征させたことを指す。当時植民地であった台湾と朝鮮、また「満州国」や日本軍占領地、日系二世の学生も対象とされた。

(14) 二〇一七年九月一三日、ペルーの首都リマで開催されたIOC総会で、二〇二四年大会のパリ開催が、二八年のロサンゼルス開催と同時に決定された。Non aux JO 2024 à Paris が結成され、現在反対運動が展開されている。

(15) 死者一三〇名、負傷者三〇〇名以上に及んだ二〇一五年一一月一三日のパリ六ヶ所同時襲撃事件ののちオランド政権は非常事態宣言を閣議決定した。二〇一七年秋にマクロン政権が非常事態を一応解除したのちも、強化された治安管理機構による人権蹂躙的な例外事態の常態化が問題とされている。

「メッセージ」以後
——天皇(制)による新たな国民統合に抗して

『アジェンダ』58号　2017年9月

私たちが住むこの列島社会は一九四七年以来「日本国」と呼ばれる国家形態を備えている。一八八九年の旧憲法発布以前、幕末にはすでに外交文書に使用されていた「大日本帝国」とは違い、「日本国」は新憲法の成立とともに国名として制定された。この名はしかし、その簡素さとは裏腹に、ある奇妙な不安定さを感じさせる。フランス共和国、大韓民国、タイ王国など、現存する国家はほぼすべて、みずからの国制を国名の不可欠な一部として明示している。「大日本帝国」もその例に洩れない。それに対し「日本国」には、国制の規定がない。

憲法学上は現憲法が国民主権を基軸としていることから、「日本国」は本質的に共和制という理解が有力らしい。しかし一九八〇年代の中曽根政権の頃から、右派の政治家はたびたび、日本は君主国であると断言してきた。二〇一二年の自民党試案のように、天皇を元首とする改憲が行われれば、国名の変更もありえないことではない。森友学園問題に端を発した一連の経緯のなかで、右派改憲勢力が公教育への教育勅語の再導入を目論んでいることが明らかになった。実質的には「日本皇国」と呼びうるような国家体制の確立を、「戦争のできる国づくり」に不可欠な歴史的課題として、彼らは真剣に追求しているのである。

その憲法の第一章が「天皇」と題され、第一条に「天皇は、日本国の象徴であり日本国民統合の象徴であって、この地位は、主権の存する日本国民の総意に基づく」と記されている国で、国制が曖昧でないはずがない。戦前と同一の天皇賛美の歌が「国歌」とされ、天皇を太陽と崇める旗が「国旗」とされている国で、君主制の根がすでに断たれたなどということはありえない。「日本国」が真に共和制になり、「民国」ないし「共和国」と呼ばれうるようになるためには、この国の民に長く厳しい闘いを担う覚悟が求められる。さもなければ、いずれなんらかの形の君主制への回帰を予期しなければならないだろう。「日本国」という呼称は暫定的なのであり、ある歴史的な均衡を表してきたが、その均衡はいまや崩れつつあるように見受けられる。

そのことが如実に感じられるに至ったのは昨年（二〇一六年）八月八日、明仁天皇がテレビを通じて生前退位を求めるビデオメッセージを公にしてからである。近代天皇制の歴史に前例のないこの行為は、政治、社会、思想、運動等、多くの領域でかつてない混乱を引き起こした。有識者会議の答申を受けて今年（二〇一七年）六月九日、「天皇の退位等に関する皇室典範特例法」が参議院本会議で可決成立した。五月一九日の国会提出から一月もたたないうちに、実質的な審議を経ずに全会一致で成立したこの法律は、その冒頭（第一条「趣旨」）で天皇に対する「国民」の深い「敬愛」が表明されるという、極めて異様な文書である。それは憲法四条で国政関与の権能が明確に否定されている天皇の言語行為から発して制定された法律である。日本国憲法の成立過程では、天皇の発議権に固執する昭和天皇の抵抗を排して、皇室典範を法律一般の一部とすることが定められた。明仁天皇は今回、事実上みずからの発議で皇室典範の改定に成功したのであり、「退位」を求めることによって天皇の政治的復権を果たしたのである。

これほどの憲法違反が公然と断行されたにもかかわらず、国会内にそれを問題視する声はまったく挙がらなかった。主要メディアは高齢の天皇への同情を煽る報道に終始した。リベラル派と目される憲法学者等の知識人も、大半はこの天皇の行動をむしろ共感をもって迎えた。民衆運動のなかでも護憲派の主流は、この経緯をどちらかと言えば好意的に黙認している。起きている事態の恐ろしさが、およそ社会的に知覚されていないのである。

「天皇メッセージ」で批判的に検証すべき論点はいくつもあるが、最大の問題はやはり「象徴の務め」という表現に集約されるだろう。憲法七条に列挙された国事行為、私的とされる日常の神道儀式のほかに、国内各地への巡行、国体開会式への出席、植樹祭、被災地慰問、そして次第に頻度が高くなっていった皇室外交等、日本国憲法制定以降の天皇は二代にわたり、「公的行為」と総称される活動領域を拡大してきた。明仁天皇は今回のメッセージで、これらの行為を「象徴」という立場から必然的に発出する「天皇の象徴的行為」と定義することで、重大な「解釈改憲」を行なったことになる。これらの行為は天皇が「日本国民統合の象徴」であり続けるために、必要不可欠なパフォーマンスという位置付けを与えられた。「象徴」と「元首」は天皇の規定としてもとより相互排除的な概念ではないが、「象徴の務め」の拡大とその事後的な法的正当化を通して、天皇が事実上「元首」化していく過程が、天皇みずからのイニシャティブによって、いままさに進行しつつあるのではないか。

近代天皇制は旧憲法、現憲法いずれのもとにおいても、周到に設計された国家のイデオロギー装置として機能してきた。戦後的な「象徴の務め」も、この機能を前提とした行為であることに変わりはない。戦前の「御真影」に代わって、一九五〇年代末の明仁・美智子の婚姻以降は、テレビという新メディアの普及、女性を主な読者対象とする週刊誌の増加とあいまって、天皇及びその家族の「イメージ」が、民衆の日常生活のうちに拡散され増殖していった。紀元節の「建国記念の日」としての復活（一九六六年）、元号法（一九七九年）、国旗・国家法（一九九九年）と、この国の公務と公教育の空間には、旧憲法時代との連続性を担保するための制度的楔《くさび》が周期的に打ち込まれてきた。このような戦後過程を省みるなら、その先に教育勅語の復活を展望する勢力が体制中枢で力を保持し続けてきたとしても驚くには当たらない。

イデオロギー装置としての天皇制には、少なくとも三つの機能が認められよう。第一にそれは思考停止装置として機能する。なぜこの国には天皇などという存在があるのか？　この一家を養うために皇室費約六〇億円、宮内庁予算総額約一一〇億円（二〇一六年度）もの国家予算が年々費やされていることにどんな合理性があるのか？

主権在民、自由と平等に基づく人権の尊重という現憲法の基本理念と、天皇の存在は相容れないのではないか？　日本の学校や社会は、子供の心に芽生えるはずのこれら基本的な疑問に、けっして正面から答えることなく、問うこと自体の禁止を、さまざまな回路を通じて内面化させていく。やがてこの禁止は一般化され、この国には問うべきではないことがあるという教訓として人々の頭に叩き込まれ、かくして既成秩序への無言の順応が、「日本国民」たる者に対して期待されることになるのである。

天皇制は第二に苛酷な差別・排外装置として機能する。現憲法は九条に続く十条で、「日本国民たる要件は法律でこれを定める」と規定している。「日本国民とは誰か？」という問いに対する明示的な答えは、憲法のなかにはない。しかし一条からは、「日本国民」とは、その「総意」が天皇を自分たちの「統合の象徴」として承認するような存在でなければならないという暗黙の条件が導かれる。主権は「国民」にあるとしても、その「国民」は「天皇」という「象徴」によってのみ「統合」されるべきものと想定されているのである。

一九五二年四月二八日のサンフランシスコ講和条約の発効、日本の主権回復に先立って、旧植民地出身者（朝鮮人、台湾人）の日本国籍は、十条の規定通り法律によってではなく、一片の法務府民事局長通達によって一方的に無効化された。この事実は、一条の循環的な構造が、現実には「よそもの」の徹底的な排除装置として機能することを示している。その血統が無条件に高貴とされる家系を温存してきた社会が、その中心から遠く隔たった存在とみなされる人々に対し、抜きがたく差別的な心性を育んできたことはけだし当然と言えよう。「天皇制は差別の温床」という言葉には、依然として確かな真実が含まれている。

第三に天皇制は、恐るべき忘却装置としても働く。「万世一系」とされる天皇が存続している限り、列島社会の歴史上に生起したどんな深刻な出来事も相対化される傾向を持つ。戦争の災禍にせよ自然災害にせよ、日本で「復興」という言葉が政治的に用いられるたびに、そこにはすでに天皇の存在が前提されている。天皇が「象徴」する万古不変の日本を「国民」の努力によって回復することは、これまでも可能だったのだからこれからも可能だという論理が、「がんばろう日本」というスローガンひとつのうちにも暗黙に働いている。過去の政治的出来事を、次代に伝えるべき社会的記憶として公共空間に刻印することに、日本ほど消極的な国はない。この姿勢の背後には、戦後国家がその否認の上に成立した昭和天皇の戦争責任問題が、いまも重く横たわっている。明仁天皇が美智子皇后とともに「慰霊の旅」を繰り返して構築してきた「平和天皇」「護憲天皇」という「イメージ」に反して、彼が父の戦争責任に触れたことはない。

明仁天皇による「生前退位」の要求が認められたことを受けて、二〇一八年末にも天皇の退位、翌年一月に新天皇の即位が予定されている。こうして天皇の「代替わり」が、二〇一八年の明治維新一五〇周年、二〇二〇年の東京オリンピック・パラリンピック開催と続く祝祭的政治日程のうちに書き込まれることになった。そして安倍晋三首相は、今年（二〇一七年）五月三日の憲法記念日に、二〇一九年に改憲の是非を問う国民投票を行う意向を表明した。このシナリオは相次ぐスキャンダルによる政権の失速のためにかなり揺らいではいるが、依然蓋然性の高いものである。

一九六四年のオリンピックが昭和天皇の国際社会への復帰の舞台とされたように、今回の東京大会は新天皇のお披露目の機会として利用されるだろう。東京五輪組織委員会会長の森喜朗は、かつて首相として「日本は天皇を中心とする神の国である」と発言した人物である。これらの基本的事実を想起するだけで、天皇および天皇制に関する認識を総点検することなしには、現政権の改憲攻撃と対峙することすら覚束ないほど情勢が煮詰まっていることを理解するのに十分だろう。いずれにせよ、天皇が右派改憲勢力に対する防波堤になりうるかのような幻想からは、一刻も早く脱却しなければならない。

「民族の祭典」と「資本の祭典」

『反天皇制市民1700』43号　2018年1月

総理大臣安倍晋三は本年（二〇一八年）一月四日、伊勢神宮に参拝したのちの会見で「今年こそ改憲議論を深化させる」と述べ、昨年（二〇一七年）五月三日の憲法記念日に二〇二〇年までの改憲を提唱したことに関し、停滞している改憲へのプロセスを活性化させるために一石を投じる意図があったと語った。その一方で「スケジュールありきではない」として、オリンピック前の国民投票を優先的目標として掲げるかどうかについては明言を避けた。いずれにしても、オリンピック・パラリンピック東京大会の開催が、改憲をめぐる政治日程の中心に位置づけられていることに変わりはない。

天皇の代替わりについては昨年（二〇一七年）一二月一日の皇室会議で、二〇一九年四月三〇日に現天皇が退位、翌五月一日に新天皇が即位するという日程が決定された。大嘗祭は同年一一月の予定となる。こうして二〇二〇年大会は、新天皇の開会宣言によって始まることが確定的になった。一九六四年大会が昭和天皇の開会宣言によって始まり、戦争責任が問われ続けた裕仁の国際舞台への復帰の場となったように、今回の大会は彼の孫の代の皇室・皇族の、国際的なお披露目の場として利用されることになる。

近代オリンピックはその創設時から君主制と因縁が深い。現在の国際的な諸制度のなかでは例外的に、この私設国際組織は世界でも残り少なくなった王族、皇族たちの活躍の場であり続けている。日本オリンピック委員会（JOC）の会長が元皇族の子供（竹田恒和〔当時〕）であり、高円宮久子が招致運動に深く関与したことにもこうした背景がある。そもそも第一回オリンピックが開催された一八九六年当時、ギリシャは王国だった。オスマン・トルコからの独立ののち政情が安定しないギリシャに対し、イギリス、フランス、ロシアは一八六三年、デンマーク国王クリスチャン九世の次男を国王に据え、ゲオルギオス一世として即位させた。アテネ大会でギリシャのスピルドン・ルイスがマラソンで優勝すると、国王を始めとするこの外来の王族たちは、観客席を埋め尽くしたギリシャ民衆と熱狂的歓喜のなかで一体化した。当時若手記者として大会を取材したフランスの作家シャルル・モーラスは、この事態に遭遇して王党派としての自覚を深め、帰国後ドレフュス事件への関与を契機に極右政治運動アクション・フランセーズの指導者となっていく。

近代オリンピックのこのような起源との関連で解読されるべき文書として、東京オリンピック・パラリンピック競技大会組織委員会が二〇一六年一月に発表した「東京2020アクション&レガシープラン2016～東京2020大会に参画しよう、そして、未来につなげよう~中間報告」がある。今回の東京大会が震災からの復興をテーマに掲げて招致に成功したことは周知の通りだが、この「中間報告」によると、「幻の大会」となった一九四〇年大会からすでに、日本での五輪開催はつねに「復興」のために構想されてきたのである。四〇年大会は関東大震災からの、六四年大会は戦災からの、そして二〇二〇年は東日本大震災からの「復興五輪」というわけだ。

しかし、この文書を綿密に検討した阿部潔が指摘するように、「中間報告」は四〇年大会が「紀元二六〇〇年」という天皇制の「万世一系」の皇統を寿ぐ国家神道の祭典として計画されていたことについては何も触れていない(阿部潔「先取りされた未来の憂鬱」、『反東京オリンピック宣言』、航思社、二〇一六年)。もちろん、六四年大会が裕仁の復権の場となったことについても一言もない。しかし日本の国家にとって災害や戦争からの「復興」と天皇制は、これまで私たちが十分注意してこなかった領域で、実は緊密に結びついてきたのではないだろうか。戦後の裕仁の全国「巡幸」や近年の明仁・美智子夫妻による被災地訪問は、繰り返し災害に見舞われてきたこの列島社会における国家の観念に、どこかで深く触れているように思われる。「がんばれ日本」というかけ声は、奇妙なことに、災害「復興」の現場と、国際スポーツ大会の会場で等しく響く。私はそこに、数知れない災害にもかかわらずそのつど「復興」を遂げてきた日本国家という観念の刷り込みと、その永続性の象徴としての天皇(制)への帰依の促しが、つねに倍音として聞こえるのである。

現代のオリンピックは多くの場合一国の首都である都市の再開発と、競技の放映権等をめぐる巨大な利権を原動力とする、世界資本主義の自画自賛的な祭典ともなっている。新自由主義が公権力による規制を撤廃して資金、資源、労働力の世界的な流動性を高め利潤の最大化をひたすら追求する資本の運動であるとすれば、オリンピックを頂点とするスポーツのメガイベントでは、国家や都市などの公権力と民間資本のあいだに独特の共犯関係が組織される。新自由主義への転換期にサッチャー、レーガン政権のもとで官民協調（Public Private Partnership: PPP）と呼ばれたメカニズムが、誰もが寿ぐべきとされるイベントを口実に、周期的に反復されるのである。

そのような資本蓄積のメカニズムを、元サッカー選手でのちに批判的スポーツ社会学に転じたジュールズ・ボイコフは「祝賀資本主義」と呼ぶ。このようなメカニズムが作動するイベントとして、彼はオリンピック以外にイギリスにおけるロイヤル・ウェディングなどを挙げている。日本で天皇家の婚姻や代替わりに際して展開される事態に対しても、間違いなく同様の分析を加えることができるだろう（Jules Boykoff, *Celebration Capitalism and the Olympic Games*, Routledge, 2014）。

そのもっとも顕著な現れとして晴海選手村建設のための用地売却問題が挙げられる。二〇一六年一二月、東京都は中央区晴海の一三万三千平方メートルの都有地を、オリンピックの選手村用地として三井不動産レジデンシャル等大手不動産開発会社や商社一一社に、周辺の地価のわずか一割の価格で売却した。オリンピック開催後に宿泊施設は改修され、さらに高層マンションの建設が予定されているが、都はそれらの建築物にまったく使用権を持たない契約内容になっている。東京都は同時に地権者、認可者、施工者の三役を兼ねるかたちで公有財産を民間資本に不当な低価格で払い下げたのであり、その値引きの規模は森友学園の比ではない。現在この件については住民訴訟が始まろうとしており、二〇年大会準備最大の問題のひとつとして、今後徹底的に追及されていくべきだろう。

このように、「復興五輪」として招致されることになった東京五輪は今、天皇家の代替わりと同期しつつ、「民族の祭典」と「資本の祭典」が融合した「祝賀資本主義」として強行されようとしている。新国立競技場を始めとする首都圏の五輪関連工事は七年前の震災、原発事故の被災地から資本、資材、労働力を流用し、復興作業を阻害するかたちで推進されている。新国立競技場の工事では昨年（二〇一七年）、若い現場監督が過労自殺に追い込まれるなど、労働基準法を無視した過酷な突貫工事が強いられており、長期の就労に耐えられずに辞めていく人も多い。そのため人手は極度に逼迫し、作業員の募集は全国的に行われ、その影響はいまや沖縄の介護労働にまで及んでいると伝えられる。

その一方、福島原発事故の放射線汚染地域では、昨年（二〇一七年）四月の「自主」避難者への住宅支援打ち切りに端的にみられるように、住民の帰還に向けて陰に陽に圧力が強化されている。とはいえ、原発周辺の市町村では帰還率はいまだ三割にも満たない。そもそも原発事故は現在なお進行中であり、溶け落ちた炉心がどこにあるかさえいまだに分かっていない（小出裕章「無法と棄民の国」、『世界へ未来へ　9条連ニュース』、二〇一七年九月）。その現場から数キロほどしか離れていない帰還困難区域で、なんと聖火リレーが行われようとしているのである！

これほど凄まじい棄民政策にして愚民政策である東京五輪はしかし、公然と「人権五輪」の看板を掲げている。そしてそのキャンペーンのなかではパラリンピックが、かつてないほどの脚光を浴びている。「障がい者」差別が深刻な私たちの社会でパラリンピックが持つ意味については慎重な検討が必要だが、まず第一に「障がい者」スポーツが負傷兵のリハビリのプログラムとして、一九四八年にイギリスで始まったことを想起しなければならない。近年の米国のパラリンピックのアスリートのなかにはアフガニスタン戦争の負傷者で、大会参加後にふたたび戦場に復帰したメダリストもいると言われている。パラリンピックはオリンピックと同等、あるいはそれ以上に、戦争と深くつながっているのである。

皇室会議で代替わりの日程が決まった後の昨年（二〇一七年）一二月八日、天皇夫妻は東京都新宿区の「障がい者」が働く会社を訪問した。こうした動きの背後に、「障がい者」と災害多発国・日本を重ね合せるイメージ操作が行われているように感じるのは私ひとりだろうか。立ち直る障がい者／被災地（のイメージ）の称揚と、立ち直れない「障がい者」／被災地の切り捨てが、このようにして同時に進行しているのではないだろうか。そして近代の日本においては今日にいたるまで、こうした複雑で体系的な、民衆を分断し「国民」として統合する政策の中心では、つねに天皇制が、ときにはいかめしく、ときには柔和に、国家のイデオロギー装置として機能しているのである。

民主主義と天皇制、そしてオリンピック

「「昭和の日」を問う京都集会」＠京都教育文化センター　2018年4月29日

はじめに

　ご紹介いただきました鵜飼です。今日はどうぞよろしくお願いいたします。

　いま司会の方から、私が一九七二年の再建「同学会」のメンバーだというご紹介をいただきました。七二年というところにこだわると今日の集まりの趣旨に反しかねませんので、後ほど別の時代の「同学会」の話をさせていただきたいと思います（笑）。「同学会」というのは京都大学の全学自治会のことで、戦後の天皇制の歴史の中では必ず出てくる名前の一つであることはご存知の方も多いかと思います。一九五一年の一一月一二日、京大に前の天皇裕仁が来て、学生が声明を出して抗議をするという、いわゆる「京大天皇事件」がありました。最後にこの事件について、少しお話ができればと考えています。

　もう一つ、私は一九七三年に京都大学に入学しています。さきほど千葉宣義先生が

一九七九年に「天皇制を問う講座」を始められたというお話をされましたが、私はその年に大学院に進み、この講座に定期的に参加するようになりました。この三月に定年退職しましたが、千葉先生をはじめ学生時にお世話になった方々が今日の会に関わっておられること、とてもありがたいと感じています。当時、先生方のご活動、ご講演等から多くのことを学ばせていただきました。天皇制に関する私自身の認識の深化に、京都の市民運動はとても大きな光を与えてくれました。最初にお礼を申し上げたいと思います。

私の専門はフランスの文学や思想ですから、日本の歴史、とくに近代史の研究をしてきた者ではありません。したがって天皇制に関しては、いろいろな研究者の方々のお仕事を、自分の仕事の許す範囲でフォローしてきたという立場です。私が学生の頃、天皇制の問題を考えるには、まず松浦玲さんの著作を勉強したものでした。松浦玲さんは、やはり一九五〇年代に起きた「荒神橋事件」という京都の学生運動の重大な事件のために京都大学から放校処分になられた方ですが、その後立命館大学で勉強されて、ご著書の『日本人にとって天皇とは何であったか』（辺境社刊一九七四年／新版一九八三年）は、当時大変よく読まれました。七〇年代後半に天皇制の学習会を開く時などには、よく講師としてきていただきました。

先ほど千葉先生と、「建国記念の日」不承認京都府民のつどい実行委員会の原田敬一先生から「建国記念日」制定についてお話がありましたが、私は一九六六年には小学校六年生でした。原田先生が少し先輩の方だとわかりました。私自身も高校の頃は自主登校ということで、二月一一日は学校に行っていろいろなことをしてもいました。しかし、社会運動の課題として天皇制が浮上してくるのは、七〇年代半ばぐらいからという印象があります。「天皇制を問う講座」も七九年からですが、七九年は元号法制化の年ですね。その四年前、一九七五年に、昭和天皇は訪米します。これは大きな出来事でした。この年の九月三〇日に裕仁天皇はアメリカに行く。そこで記者に問われて「戦争責任は文学方面のことだからよく分からない」という有名な発言をしています。天皇訪米に反対する闘い、当時はまだ羽田現地闘争の時代で、私は三回生でしたが、力を入れて取り組んだことを覚えています。この頃から、天皇制の問題はきちんと勉強しないといけない、単に共和制の方が良いに決まっているという進歩主義的な信念だけでは日本では闘えないということがわかってきました。

八〇年代になると、そろそろ天皇の寿命が尽きてくる時間帯に入ってきて、いわゆる「反Xデー闘争」が市民運動として取り組まれるようになり、様々な角度から天皇制が論じられました。それから三〇年経って、今回は天皇自身が「私はもう辞めたい」と言い出したわけです。この発言が一種のリトマス試験紙になって、この事態にどう反応するのかということで、それまでは良く分からなかった、他の点では近い立場の人たちの天皇制に対する考え方が炙り出されてきたという局面になっています。徐々にそれについてもお話していきたいと思いますが、まず「天皇メッセージ以後」ということで、レジュメをごらんいただきたいと思います。

「メッセージ」以後

天皇のビデオ・メッセージが発表されたのは、二〇一六年の八月八日です。このメッセージを受けて、昨年二〇一七年の六月九日に、天皇の退位等に関する皇室典範特例法が成立するわけです。この一連の展開は、私たちのような天皇制に反対してきた人々にとってもかなり想定外でした。天皇がいきなり辞めたいと言い出し、国会では反対らしい反対もないまま法律が出来てしまう。東京ではこの展開に対する危機感が募って、天皇制反対だけを掲げるデモをやろうという機運が高まりました。最初のデモは二〇一六年の一一月でした。このデモは右翼の襲撃を受けて、かなり大変な目にあいました。それで再度、一七年の初夏に、東京の吉祥寺にある井の頭公園で、集会とデモが行われました。その時に私のアピールを聞かれていた雑誌『アジェンダ』の編集部の方に依頼されて書いたのが、先ほどご紹介いただいた『アジェンダ』五八号掲載の拙文です（本書二三四頁以下）。天皇制についての基本認識と私が考えていることをそこにまとめてありますので、今日もその線に沿ってお話させていただきたいと思います。

こんな始まり方になっています。

「実質的な審議を経ずに全会一致で成立したこの法律は、その冒頭(第一条『趣旨』)で天皇に対する『国民』の深い『敬愛』が表明されるという、極めて異様な文書である。」

これ、法律ですからね。法律であるにも関わらず、「国民が天皇を敬愛している」という文章から始まっています。

「それは憲法四条で国政関与の権能が明確に否定されている天皇の言語行為から発して制定された法律である。日本国憲法の成立過程では、天皇の発議権に固執する昭和天皇の抵抗を排して、皇室典範を法律一般の一部とすることが定められた。」

これは非常に重要なことだと思います。私自身、今回ようやくはっきりと認識したポイントです。詳しくご存知の方もいらっしゃると思いますので、後の討論で深められたらと思います。

「明仁天皇は今回、事実上みずからの発議で皇室典範の改定に成功したのであり、『退位』を求めることによって天皇の政治的復権を果たしたのである。」

このような非常に逆説的な事態が、このビデオ・メッセージ以後展開したということを最初に確認したいと思います。

分水嶺——『慰霊の旅』か『国民統合』のための政治行為か

先ほど、「他の点では近い立場の人の天皇制に対する考え方が炙り出されてきた」

と述べましたが、慶応大学の片山杜秀さんと東京大学の島薗進さんの対談で構成された『近代天皇論』（集英社新書）はその代表的な事例です。片山さんは『未完のファシズム』（新潮選書）という刺激的な著作でよく知られており、島薗さんは日本の宗教思想史の大変優れた研究者で、学術会議で軍事研究に反対する運動や原発に反対する声明などに非常に深くコミットされています。私も一度大学改革の問題で対話をさせていただく機会がありましたが、実に温厚な方で、優れた思想、学識の持ち主として敬意を抱いてきたのですが、この本を読んで愕然としてしまいました。

天皇制は、日常的、直接的にはまず言葉遣いの問題です。「今上天皇」等、天皇についての特別な敬語体系に入られてしまうと、その段階で「この人と天皇制の話は出来ないな」と考えてしまいます。それではいけないのですが、天皇制が人の言葉遣いまで規定しまうのは恐ろしいことです。天皇の権威を認めている人たちにも届けなければと思って、あえて敬語体系に入る必要があると判断されたのかもしれません。しかしその段階で、天皇制はすでに人を縛ってしまうのですね。私のように文学とか思想という角度からアプローチする者は、天皇制が実際に、日常的、具体的に、権力作用としてどう機能しているのかということを考えざるを得ないのです。

この本は帯の表に天皇の写真が出ています。二人の著者の肖像は裏にあるという、実に不思議な作りです。こうした外観を示す本が平積みになっている。しかもその内容には、私たちと同じように日本会議の暗躍を非常に憂慮する姿勢が示され、この組織の危険性について、とても有益な情報が多々含まれてもいます。ところが最後には、天皇のメッセージが全文掲載されていて、「民主主義を救う鍵が『お言葉』に」となる……。絶句してしまうんですが、このことは私たちが直面している現実をかなり集約的に示していると思います。

メッセージで天皇は、「象徴の務め」という言葉を何回も使っています。それが「天皇陛下もご苦労されている、おいたわしい」と読めてしまうのか、『象徴の務め』って政治活動じゃないか、憲法違反だ」と読むか、まずそこに大きな分水嶺があるわけです。

あまり大きく取り上げられませんでしたが、私が重要だと考えている天皇夫妻の近年の外交活動に、去年（二〇一七年）三月のヴェトナム訪問があります。このとき天皇夫妻は、元残留日本兵の家族と面談をしています。敗戦時にフランス領インドシナを占領していた日本軍はほとんど無傷で、兵士のうちにはそのまま現地に残ってヴェトナムの対仏独立闘争に参加した人々がいました。このことはヴェトナム戦争の継続中は日本では公然と語ることができないことでした。しかし今日考えてみれば、戦前の日本のアジア主義が、戦後何人かの兵士にこうした形で受け継がれたとも考えられます。いまや語り得ない歴史ではありません。他方で日本はこれから、ヴェトナムを中国との関係でこれまで以上に引きつけていきたい。軍事占領中に相当の弾圧も行い、およそ二〇〇万人ものヴェトナム人が餓死する事態を引き起こしたにも関わらず、ヴエトナムを親日化可能な国とみなす外交政策が採用されています。天皇夫妻のヴェトナム訪問も、このような対中包囲網の一環としてなされたことは明らかでしょう。ところがこのような政治行為が「慰霊の旅」ということになってしまい、「ここにかすかな希望がある」などと言われるとどうしたらいいのでしょうか。見方が一八〇度違ってしまいます。一番最近では、天皇の沖縄・与那国島の訪問。日本のいわゆる「固有の領土」とされている空間のリミットまで、天皇は行くわけですね。北方であれば奥尻島にも行きました。しかし、対中国の軍事的最前線と位置付けられた与那国には自衛隊が重点配備され、そのことが島民の間に分断を生んでいるさなか、そういうところに天皇は、まさに「国民の統合の象徴」として足を運ぶわけです。これが「民主主義を救う行為」と言えるでしょうか？

いずれにしても、この「メッセージ」以後の展開についてこの間二つの見方がありますので、次にそれを見て行きたいと思います。

二つの見方――政権と皇室の矛盾、天皇制の揺らぎ

なぜこういう新たな天皇崇拝が出てきているかというと、言うまでもなく、安倍政権が体現しているものに対する恐怖があるわけですね。安倍政権は日本会議政権です

から。日本会議という、政党でもない、その名の下に選挙に出てくるわけでもない、いわば秘密結社のような集団が、事実上日本の国家権力を横領してしまった。その結果、臆面もなく、私的な利害を追求するようになってきた。森友・加計問題はその最たる事例です。

日本会議は天皇主義者の集団ですが、彼らの天皇主義は必ずしも天皇崇拝ではありません。このことも、ここ数年の事態を通してよく見えてきたことではないかと思います。安倍晋三は、明治維新を主導した長州藩出身の政治家たち、伊東博文や山県有朋に、自分の政治家としての系譜のルーツを見ている人です。これらの政治家の民衆統治思想の中では、「天皇」は下々を従わせるために彼らが「使う」手段であって、彼らが崇める対象ではないのです。

そのことがあらわになったのが、二〇一三年の四月二八日です。「主権回復を記念する集会」において、突然安倍首相や閣僚たちが「天皇陛下万歳」を唱えました。これは全然予定になかったことで、それは映像が捉えた天皇の驚きぶりで分かります。昨年（二〇一七年）六月一一日の東京新聞に掲載された「象徴考」という連載記事の中に、天皇に近い関係者の言葉が引用されています。

「天皇陛下万歳を唱えた人たちが陛下をお飾りとしてしか思っていないことを一連の議論で国民が知った意義は大きい。馬脚を現した。」

「一連の議論」とは、櫻井よしこ、加瀬英明等、日本会議系の言論人が、皇室典範特例法の成立以前の有識者会議で、「天皇は「象徴の務め」などと言って表に出てきたりしないで、宮廷でただ祈っていればいいんだ」という意見を述べたこと、生前退位などせずに死ぬまで祈っていろと主張したことです。このような守旧派の要求に対して、天皇に近い人たちはこういう反発をしているのです。

日本会議と天皇の側近との間には天皇観をめぐってこのような隔たりがある。例えば東京新聞のようなリベラル系のメディアは、この皇室側の線に世論をリードしようとしているわけです。これが一つの見方。

もう一つは、長野におられる堀内哲さんの見方です。この方は今、「共和制の実現を中心に据えなければ日本のあらゆる政治活動はゆがんでしまう」という論陣を張られています。去年出版された『生前退位天皇制廃止共和制日本へ』という著書で、堀内さんは「メッセージ」以後の状況を、「天皇制の揺らぎの兆候」と診断しておられます。「制度的流動化の端緒であるから、今からおおいに議論を始めよう」と提起されていて、これは私も賛同するところです。

「そもそも君主の威厳、マジェスティは民衆に自由な君主論をさせないところに由来する。ところが期せずして有識者会議のメンバーは浦島太郎の玉手箱を七〇年ぶりに開けてしまった。彼らは公論の場で天皇制がまとっていた神秘主義のベール、天照大神、神武天皇などを剥ぎ取り政治制度としての天皇制について明仁個人の評価と切り離して各々が分析し始めた。本来は天皇制の擁護者たるべき役割を課せられた彼らの間で見解が割れ最終的に主権者たる国民の意志に基づいて決定されるべきとの声が出始めた。」

堀内さんのこの見立てが正しければ、先ほど参照した皇室周辺の人たちと現政権の暗然たる対立を超えた百家争鳴の時代がこれから到来するのではないか。そうであれば、もちろん私たちはその論争の場に討って出なければなりません。私たちが第一になすべきことは、天皇制とは何かという問いを公共の言論の一部にしていくことでしょう。

神聖／象徴の対立図式を排す

『近代天皇論』の個々の論点には時間がなくて触れられませんが、「神聖か象徴か」という副題をこれからの議論の糸口にしたいと思います。お二人の著者にとって選択肢はこの二つの間にしかない。天皇を「象徴」として選択せずに共和制樹立とか天皇制廃絶などと言っていると、日本会議の主張する「神聖」天皇に回帰してしまうぞと、私にはそういう論調に受け取れます。しかし果たしてそうでしょうか？　明治憲法には確かに「天皇ハ神聖ニシテ侵スベカラズ」と書かれています。それに対して現憲法では明文的に「象徴」とされている。しかしこの二つの言葉で二つの憲法の天皇観を代表させることが出来るのかどうか。そこに私は素朴な疑問を持っています。神聖／

象徴という対立図式で問題を立てるとその途端に議論がゆがんでしまうのではないか。天皇は戦前から既に「象徴」として構築されていたのではないか。この点について少し考えてみたいと思います。

故・中村政則さんが書かれた『象徴天皇制への道』（岩波新書）、これは前の天皇が亡くなった年に出た本ですけれど、「象徴」という言葉の起源について基本的な考察が行われています。開戦時の駐日米大使ジョセフ・グルーの書簡が日本国憲法の象徴規定のルーツの一つとして紹介されていますが、グルーは「日本国民」というものは明治政府のもとで四民平等という建前で政治的に構築されたものであり、この過程で天皇は国民統合の「象徴」になっていったという理解を示しています。言語哲学的な言い方をすれば事実確認のレベルで、歴史的事実としてすでに天皇は「象徴」になっているという認識です。したがって、現憲法の第一条で「象徴」と規定されたから「象徴」になったのではない。法の制定は言語による行為遂行ですが、憲法が天皇を「象徴」と名指すことによって「象徴」天皇を生み出したという理解に対して、そのような制定行為以前に、法的に「象徴」という言葉が使用される以前に、天皇は「象徴」であるという「事実」の確認がすでにアメリカ人によってなされていた。そのことの意味を、一度立ち止まって考えてみなければいけないのではないでしょうか。

「第九期・反天皇制運動」という社会運動が東京で行われています。「反天皇制運動連絡会」という集まりがあって、私も「準構成員」くらいの立場で関わっています。

この運動の『Alert』（一七号、二〇一七年一一月）という機関誌で、私は次のような主張をしました。

「この間の経緯を通して次第にはっきり見えてきたことの一つに、明治憲法の神聖不可侵の権力中枢としての天皇規定と現憲法の象徴規定の関係が、宮沢俊義以来の八月革命説が想定してきたような天皇主権から国民主権への断絶的移行というより、ある種の引き算による元首権限の縮減だったということだ」。

「日本国の象徴及び日本国民の統合の象徴」としての天皇は、大日本帝国憲法の「万世一系ノ天皇コレヲ統治ス」の天皇から、本質上の断絶ではなく、ある種の引き算によって導き出されたと考えるべきなのではないか。「日本国及び日本国民の統合の象徴」という天皇の二重の規定は、確かに法の言葉としては現憲法によって制定されたものですが、天皇の象徴化自体は、明治憲法の制定過程で遂行された政治的構築以外の何ものでもない。そのことは山県有朋を準主人公として軍人勅諭発布（一八八二年）から教育勅語発布（一八九〇年）までの時期を扱った松本清張の歴史小説『象徴の設計』（一九七六年）がそのタイトルによって示している通り、従来から直観的には把握されていたことです。松本清張は「象徴」が「設計」されたのは明治期だということをはっきり認識していたのですね。

先ほど事実確認と行為遂行という言語哲学の概念を援用しましたが、もう一つ言語学的な分析用語を持ち込んでみたいと思います。ここも不勉強で憲法学者の方々がどう解釈しておられるかに通暁していないのですが、憲法一条の天皇の二重の規定はこんな風にも考えられるのではないでしょうか。「日本国の象徴」という一言の中に日本の歴史も含まれているとすれば、これは言語学で言う通時性（diachronie）にあたる。事によると「万世一系」の言い換えともみなしうる。これに対して「日本国民の統合の象徴」の方は、私たちがよく考えるように、「主権の存する日本国民の総意に基づく」と言われても、こんなことを問われた覚えはありません。とはいえ、こちらの規定は、さもなければ国民主権ということが言えないので、ある種の契約主義的な構えを見せてはいるわけです。こちらはいわば共時性（synchronie）を表していて、つねに現在形の日本国民の統合の象徴であると。

これは堀内さんがよく強調されることですが、改正憲法の公布も天皇の言語行為とされているのですね。九六条二項、あまり問題にされることがありませんが。天皇制が廃棄されるとしてもそれを宣言するのも天皇であるという、非常に奇妙な構造の中に今の憲法はある。

私は、天皇制については先ほど述べたように自分なりの勉強をしてきましたが、基本的には素人なので、素人ならではの素朴な質問もしてみたいと思います。一条を国民投票にかけられるのか？　反対の側は、過半数は取れないかもしれないけれど少なくとも総意でないことは証明できますよね。改憲という事態が迫ってこなければ私たちも想像しなかったことですが。少なくとも天皇の地位が日本国民の総意に基づかないことだけはあらわになる。ではこれが過半数で通るということは何を意味するのか？　現憲法はまじまじと凝視するとかなり奇妙な構造を抱え込んでいることが見えてきます。ここまで含めて現憲法をそのまま守ると言っているだけでいいのかどうか。ここが大事なポイントだと思います。

「主権者」は転換したのか？

戦後のデモクラシーをめぐる様々な思想的営為の中で、繰り返し振り返って考えなければいけない問題として「国民主権」論があります。丸山眞男さん、私はその弟子筋に当たる藤田省三さんのお仕事が好きでよく読み返します。「日本国憲法で主権は国民に存すると規定されたからといって国民が直ちに主権者になったわけではない。日本の国民はこれから主権者になっていかなければならない。要するに民主主義とは永久革命である」と丸山さんが言われた時には、日本人が本当の主権者になるには不断に努力するほかないという認識を含んでいたわけです。

そもそも一九四五年八月一五日の裕仁氏は主権者だったのか。藤田さんはあんなものは主権者とは言えないと断言しています。

『聖断下る』と言って朝日新聞などで報道された、帝国の最高責任者の『決断』なるものは、降伏を『降伏』とは言わず敗北を『敗北』とは言わず、『時運ノ趨ク所堪へ難キヲ耐へ忍ビ難キヲ忍ビ以ッテ万世ノ為ニ太平ヲ開カント欲ス』とか『戦局必ズシモ好転セス』などとかだけ言って、正確な意味の判断はもっぱら聞く方の——つまり日本人国民の——推察力に頼っているような、そういう『決断の告知』なのである。何が『聖断』だ、甘えるのもいい加減にして貰いたい、と思った人々が相当数いたとしても当然であろう。」

これは一九七五年の「元号批判」を主題とした文章の一節ですが、これを今の言葉で言うと「忖度」ですよね。「忖度」が初めから組み込まれた制度として天皇主権はあったのだということ。まさにこれが丸山さんが言うところの「無責任の体系」であり、藤田さんは「忖度」を前提とするような主権者は主権者ではないと言っていることになります。

ここで私の専門に少し関わってくるのですが、カール・シュミットというドイツの政治学者・法学者がいま世界的にもいろいろ読み直されています。シュミットは、ご存知のように一九三三年以降はナチス党員となり戦争責任を問われた非常に危険な思想家なのですが、なぜかリベラル派、あるいは左派、特に極左系の人たちがシュミットを好んで読むという不思議な傾向が見られます。日本では戦前からシュミットはよく読まれてきました。それも右派以上に丸山眞男さんのような人が注目していました。新左翼系の思想家では長崎浩さんなどがよくシュミットを援用していて、私はそういう思想環境でシュミットの仕事に触れたわけです。シュミットは「主権者とは非常事態を決定する者である」と定義します。あいまいなことを言っていては主権者になれないわけですね。丸山さんでも藤田さんでも、「真の主権者」なるものについてシュミット伝来の観念があるわけです。丸山さんは同じ戦争犯罪の被告としても、極東軍事裁判の日本の軍部の被告よりも、ニュルンベルク軍事裁判のナチスの被告の方が立派だったとまで言う。ここに戦後の左派の思想家たちの一つの姿勢が見て取れます。シュミット的な主権者は国民ではありえませんが、シュミットの読者である日本の戦後左派知識人は、国民が君主を超えて「真の主権者」に成長するという、ある種の啓蒙主義的な目標を設定していたのだと思います。それが丸山さんから藤田さんへ継承されていて、丸山さんに批判的な私たちの世代の人間でも、もう少し運動に近かった藤田さんのお考えは受け入れてきたのです。

このような思想は現在も単に否定できるものではないでしょう。「忖度」ばかりしているから日本人はダメなのだと、ますますそう考えざるを得ないこの頃ですが、私はちょっと立ち止まりたいと思います。今の公文書の問題にしても、公文書がたとえ「忖度」で改ざんされなくても、そもそも私たちは官僚制に苦しめられてきたのではないでしょうか。「忖度」がなくなればよいという話ではないわけですね。こういうことで、どんどん達成目標が落ちてきてしまうのではどうしようもありません。私は「忖度」の共同体の克服という課題を超えて、本当は主権という原理そのものを問わなければいけないのではないかと考えています。主権を問わないで「天皇主権か国民主権か」という枠の中でだけ考えていると、結局「神聖か象徴か」という選択肢に追い込まれてしまうでしょう。私はジャック・デリダという思想家の研究をしているのですが、ここで彼の晩年の民主主義論に少しだけ触れたいと思います。デモクラティアという概念を構成する〈デモス〉と〈クラトス〉は、もともと異質なものだということが彼の議論の出発点です。しかも、いずれも自明な概念ではない。〈デモス〉とは何かということもよくわからないし、〈クラトス〉というものが何かということも、ギリシャ語に遡っても必ずしも自明ではない。自明ではない異質のもの同士の結合によって構築された概念であって、プラトンも、アリストテレスも、初期の哲学者はだからこそ民主主義を否定したわけですね。要するに、明確な概念を持ちえないものとして。近代でもカントは民主主義の同義表現である人民主権（国民主権）はあり得ないという趣旨のことを述べています。

そもそもアリストテレスの『政治学』では、〈デモス〉とは何かということはこう定義されています。「ある点で平等であるがゆえに全ての点で平等であると想像された多数者」。例えば財産の点で不等でも他の点で平等なら同じ〈デモス〉に属することになります。今度の生前退位を求めるメッセージについて言えば、天皇も歳を取るし病気にもなる、私たちと同じだという感慨を持った人が多いようです。すると天皇も私たちと同じ人間だと想像され、ゆえに今の天皇と民主主義は親和的だとみなされることにもなる。しかし、現実には、「主権を行使できる国民とは誰のことかは、その国民自身が決めることはできない」というアポリアにぶつかります。

というのも、天皇が日本国民統合の象徴であるとすれば、その「日本国民」はどのように統合されたのでしょうか。統合がなされたのは、定義上、「日本国民」以前のことではないでしょうか。統合する力、すなわち〈クラトス〉は、統合される民衆、〈デモス〉の外から来るほかにありません。それが「象徴の設計」ということであり、大日本帝国憲法が発布される以前の、明治期の政治権力が行ったことでもあるわけです。「日本国民」の統合は軍人勅諭や教育勅語の強制を通して、数々の民衆弾圧を通して、そして就中対外戦争を通して、強行された人為的過程です。これは日本会議のように、今なお教育勅語を復活させたいと考える人々がなぜいるのかということとも関わるでしょう。民衆はその外から持ち込まれたものによってしか統合されないということを、この人たちは自明のことと考えているのです。天皇制と民主主義の関係を考えようとする場合、このアポリアを避けて通ることはできません。

「民国」でも「共和国」でもない「日本国」

敗戦後、「大日本帝国」は「日本国」になりました。これ自体よく考えて見ると相当異常なことです。君主制から何になったのかを言わない、それが「日本国」という国名の意味作用なのです。「大韓民国」という国名の「民国」を英語にすればリパブリック（republic）、「共和国」ですよね。日本で「共和国」というと「朝鮮民主主義人民共和国」のことと思われがちですが、英語では両方ともリパブリックです。「中華民国」も、「中華人民共和国」も、リパブリック。「大日本帝国」は「帝国」だと正直に名乗っていたわけですけれど、今の日本はいったい何国なのか？　帝国でも民国でも共和国でもない。だから、これは暫定的な名前なのです。このまま放っておけば、いずれ何らかの君主制の国名になる恐れがあります。帝国に戻れないとしたら残る選択肢はあまりない、「皇国」ですね。今の自民党の改憲案が通れば、実質上日本は「日本皇国」になる。ですから天皇の元首化は実質的な国名変更を意味します。日本国の立憲君主制国としての再定義です。

現憲法の天皇条項は、昭和天皇の戦争責任、戦争犯罪の免罪工作と、アメリカの戦後極東戦略の妥協点であるということは、みなさんよくご存知だと思います。九条と一条はバーターだったとよく言われますが、当時の日本の政治家や官僚たちは、天皇に他ならなかった主権者の救済のために、国家主権の一部を放棄するという、世界史上極めてまれなことを受け入れたのです。その結果が九条です。

天皇制は三つの非常に問題のある装置

私はなぜ天皇制に反対するのか。その理由の実質的な内容は昭和天皇の時代から変わりませんが、現在は、天皇制は三つの非常に問題のある装置だからであるという説明の仕方をしています。国家というものは、基本的に機械、機構であって、天皇制はその一部をなす重要なイデオロギー装置であるという理解です。

第一に「思考停止装置」。「天皇って何？　どうしてこの人たち特別なの？　どうしてあのお城に住んでるの？　どうして年間六〇億円、宮内庁予算総額一五〇億円（二〇一六年度）ものお金があの家族のために使われるの？」このような問いを、この社会では素朴に問うことが出来ないわけですね。一事が万事で、この国には問うてはならないことがあるということを、子どもたちの頭に叩き込む効果を発揮します。アンデルセンの童話で誰でも知っている「王様は裸だ」という発見を、日本の言説空間で、だれがいつ、どのように言えるでしょうか。「忖度」はそこから始まるのではないでしょうか。私たちとしては、子どもの視点で一人の人間のことを考える自由を取り戻すこと、これが天皇制から自分を解放していく第一歩だと思います。

第二に、天皇制は非常に苛酷な「排外装置」として働きます。憲法一条を先ほどとは逆に読むと、「日本国民」とは天皇を自分たちの「象徴」とすることがその「総意に基づく」ところの存在ということになります。完全な循環論法ですね。そのような存在こそが「日本国民」であるとすれば、これに属さない人々にとって天皇は、統合とは逆に排除の、差別の「象徴」になります。逆に言えば、日本人の間には、これは戦後のことだけではないしいろいろな分析があり得ると思いますが、「国民」というこの枠組みの外に棄却されることに対する激しい恐怖があって、心の中に深く内面化されていると思います。この社会にはある内部、不可視の内部があると観念されていて、日本人にはそこに潜り込もうとする傾向が非常に強い。幻想に過ぎなくてもインサイダーでありたい。これがさまざまな差別の動因になっているのではないでしょうか。生活保護利用者に対するバッシングあたりにまで、一貫して働いている作用かと思います。さきほど沖縄の話が出ましたが、私にとって非常に衝撃的だったのは、辺野古の米軍新基地建設反対運動参加者に対する大阪府警の機動隊員によるいわゆる「土人」発言です。「土人」とは近代の日本語では、統合された「国民」の外部の存在、天皇から遠い存在のことを意味する言葉なのではないでしょうか。

そして第三に、天皇制は恐るべき「忘却装置」でもあります。天皇制の存続はそれ自体で、この列島国家に生じたあらゆる出来事を相対化する働きをします。二〇一一年の東日本大震災以来、日本が災害多発国であることがあらためて認識されています。そして被災地には天皇夫妻が慰問に訪れる。この活動は非常に重要で、この頃から天皇のファンになったという人もかなりいる。あの地震と津波と原発事故の後、日本の世論で株を上げたのは米軍、自衛隊、そして天皇です。そのように、あの災害は、政治的に利用されたのです。そこは冷厳な事実として直視すべきでしょう。こんなに災害があって、こんなに大変なことが繰り返し起きる国なのに、でも天皇がいる。天皇家はずっと続いている。それが要するに、日本という国があるということの確認になってしまう。変わらないことの確認です。当時は民主党政権でしたが、「がんばろうニッポン」というスローガンの裏に、私の耳にはこんな通奏低音が聞こえていました。これまでもいろいろ大変なことはあった、震災も戦災もあった、でも天皇はい続けた。

したがって日本は変わらなかった。だから、原発事故の後も、変わらなくていい……。ここはいろいろ議論のあるところだと思いますが、このスローガンがいつの間にか、オリンピックにすり替わって「がんばれニッポン」になってしまう。

私の職場は東京都国立市というところにありますが、おとなりの立川市では一九五五年から米軍立川基地の拡張に反対する砂川町の農民闘争がありました。この拡張計画は最終的に阻止されました。そして七〇年代に米軍基地が返還されて、その跡地が今は「国営昭和記念公園」になっています。その公園は基地拡張反対闘争の勝利によってもたらされたのですから、本当は「砂川人民公園」と呼ばれてもいいはずです。ところが天皇の名を冠せられることによって、井の頭公園などと同様、あたかも天皇から「恩賜」されたものであるかのように刷り込まれていく。このことによって、砂川の民衆闘争は忘れ去られていく。こういう装置として、天皇制は日本のいたるところで機能しています。

かつて中国文学者の竹内好は、「天皇制は日本の一木一草に宿っている」という言い方をしましたが、私はこの「宿り方」を、少なくともこの三つの装置の総合的な作用として考えるべきだと思います。

「国民」と非「国民」を分かつもの

私はこの間、憲法九条の問題で話をする機会をいただいた場合には、九条の〈前〉と〈後〉ということを強調しています。それは「国民」と「非国民」を分かつものは何かという問いに関わります。憲法九条の後は一〇条です。「日本国民たる要件は、法律でこれを定める」という一文からなる条文です。この憲法の不思議なところは、前文では「日本国民」は冒頭の一文の主語であり、「われら」という一人称複数形で受けられます。ところがこの「われら」とは誰かということになると、一〇条で「法律でこれを定める」とされるんですね。しかし、実際には法律ですら定められなかったのです。法律とは国籍法のことですが、まず新憲法による人権保護から旧植民地出身者の排除が行われます。憲法施行の前日の一九四七年五月二日、天皇最後の勅令によって、日本在住の朝鮮人、台湾人は、新しい人権の享有主体にならないよう、日本国籍を保持したまま、「当分の間外国人とみなす」ということにされたのです。そしてサンフランシスコ条約が発効して日本が独立を回復する一九五二年四月二八日の数日前(一九日)に、法務府民事局長通達という一片の公文書によって、旧植民地出身者の日本国籍は剥奪されました。念のため言いますが、これは日本国憲法下で起きたことです。ハンナ・アーレントの『全体主義の起源』を読むと、ナチス・ドイツやソ連で膨大な数の人々が国籍を剥奪された経緯が論じられています。国籍剥奪はこのように、全体主義国家の主要な特徴なのです。まさにそれに匹敵することが、民主的と言われる日本国憲法の下で起きたのです。どうして、どこから、こんなことが起こり得たのか？　私は一条と一〇条の間にある隠れた対応関係からであると解釈しています。主権とは権利を停止する権利であるという定義、これもカール・シュミットに由来するのですが、その意味で日本は、主権回復以前に主権を行使していたことになります、数十万の人々からの国籍の剥奪という形で。

私は一条と一〇条のこの隠れた対応関係は、日本国憲法のトロイの木馬であると考えています。私がここまで考えるようになったのには、きっかけがあります。ある在日朝鮮人の友人の、「在特会の主張は日本国家の意思だ。だからなくならない」という言葉です。

外国人は無権利であるべきだという在特会の主張は戦後体制構築の際の日本政府の思想と同じである。在日外国人を無権利状態に押し戻そうとする在特会は元来日本国家がやるべきことを自分たちが代わりにやっているのだと考えており、その考えには歴史的な根拠がある……。この言葉に衝撃を受けたことで、それまでぼんやりと考えていたことに、はっきりとした形が与えられたと感じました。それから私は、ここは言い切らなければいけないと考えるようになったのです。

日本国憲法は今、大きな危機に陥っています。そこにはいろいろな力が働いているわけですが、この憲法を破壊しようとする力は、実は憲法の内側からも働いている。『永遠平和のために』のカントは、普遍的な歓待の規則というものを重視しました。外国人を迎え入れなければならない、その歓待の積み重ねの果てにしか永遠平和は訪れないと彼は考えたのです。日本国憲法は九条で相当進んだ平和主義を主張しているにもかかわらず、一条と一〇条の隠れた対応関係によって、日本国を外国人に閉ざされた空間として最初から規定してしまっている。それがいま、内側からこの憲法を蝕んでいるのではないか。九条は一条から八条までの天皇条項と一〇条の国籍条項に挟み撃ちにされているのではないか。ここのところですね。だからといって、現実の力関係の中で、直ちに改憲せよという政治判断にはならないわけですけれど、この憲法体制自体の内在的な問題は直視しなければいけないと考えています。

二〇二〇年東京五輪と天皇制

先ほど原田先生からお話がありましたけれど、日本の夏季オリンピックは一九六四年の前に、最初は一九四〇年に開催される予定でした。戦争のために返上されましたが、これが「紀元二六〇〇年」ということで行われることになっていました。その前のオリンピックは「民族の祭典」、ベルリン・オリンピック、ナチスのオリンピックでした。当然四〇年五輪も、「民族の祭典」として開催される運びだった。恐ろしいことに、二〇二〇年大会組織委員会の文書によると、日本のオリンピックは、四〇年大会も含めて、常に「復興」五輪であるとされています。四〇年大会は関東大震災からの、六四年大会は戦災からの、そして二〇二〇年大会は東日本大震災からの、「復興」五輪というわけです。私は今回のオリンピックは、第一に福島原発事故隠しのために招致されたと考えています。安倍晋三首相がブエノスアイレスのIOC総会で「原発事故はコントロールされている」と発言しました。外国では今もこれが安倍晋三という政治家を象徴する代表的な「嘘」として言及されていますが、日本ではその後、彼はほとんど呼吸をするように、日々膨大な「嘘」をついてきました。その結果、日本人はこのだいぶ昔の嘘を忘れがちなのではないかと思います。残酷なアイロニーは、この「嘘」によって実際に「コントロール」されたのが放射能ではなく、日本人の世論だったということです。

オリンピックというイベントを考慮に入れると、天皇の生前退位に関するメッセージの読み方も違ってきます。「オリンピックを招致することになった以上、その時期に天皇が死ぬわけにはいかない」という判断がまず働いたでしょう。開催期間中の天皇「崩御」を回避すること。さらに「次代の浩宮が天皇になっていれば、オリンピックは国際舞台へのお披露目として使える」という判断。昭和天皇はずっと戦争責任を問われていたわけですが、六四年大会の開会宣言によって国際舞台に復帰しました。いずれにせよ、天皇の代替わり、即位大嘗祭から五輪開会式までを一連の政治過程として認識して対決していく必要があるのであり、この時期にオリンピックに対して認識が甘いということは致命的だと思います。

今日はオリンピックが中心のテーマではないのですが、これはひとつの問題提起として受け止めていただければと思います。政府側の「復興」五輪に加えて、東京都では「人権と調和のオリンピック」が喧伝されています。パラリンピックがかつてない脚光を浴び、LGBTや障がい者への配慮が盛んに求められています。しかし、差別の問題に積極的に取り組む姿勢など見せたことのない小池都政の利用主義的な態度には、目に余るものがあります。

『反天皇制市民1700』四三号に、昨年末の状況を、私はこう記しています。「皇室会議で代替わりの日程が決まった後の昨年一二月八日、天皇夫妻は東京都新宿区の「障がい者」が働く会社を訪問した。こうした動きの背後に、「障がい者」と災害多発国・日本を重ね合わせるイメージ操作が行われているように感じるのは私ひとりだろうか。立ち直る「障がい者」／被災地（のイメージ）の称揚と、立ち直れない「障がい者」／被災地の切り捨てがこのようにして同時に進行しているのではないだろうか。」……これは障がい者福祉と天皇制というテーマでもあります。戦前から一貫してとても難しい問題としてあるわけですけれど、ここにきてその歴史的難題がパラリンピックと結びついてきている。大変深刻な事態として認識しています。

明治維新一五〇年と〈六八年五月〉五〇年

最後に明治維新一五〇年と〈一九六八年五月〉五〇年。今年はそういう年で、来月は〈パリの五月〉から半世紀を迎えます。私はフランスの文学とか思想が専門なので、いわゆる六八年問題にも関心を持っていますが、あの時代の日本やフランスがどうだったかということを歴史的に問い返すだけでなく、当時フランスで「壁の言葉」と言われるたくさんの落書きが現れた、その中に「想像力に権力を」という言葉があったことを、現在の日本の状況に引きつけて思い出したいのです。二〇一八年の日本で、「想像力の権力奪取」を想像すること。何をどう想像するのか、今までできなかったことを、どうしたら想像できるのか？ ここで未来に思いを馳せるために、過去に目を向ける必要が出てきます。

このところ京都大学では立て看の問題、吉田寮の問題、また学生処分の問題等々があって、私も二月に集会に参加する機会があったのですが、京都の学生運動の歴史を遡れば一九二五年の京都学連事件に行き着きます。治安維持法の最初の適用の対象となったのが、同志社と京大の学生サークルだったのですね。そこから、後の時代全体がある形で視野に入ってきます。とりわけ戦後ということでは京大天皇事件、一九五一年一一月一二日の学生による天皇宛ての公開質問状が、歴史教育の教材になる日を想像してみたらどうだろうかと最近考えたのです。というのも、時々美術館などでの仕事の折、若い学芸員が、天皇が話題になると「天皇陛下」と言ったりする場に居合わせることがあるからです。先ほども触れましたけれど、天皇をどう呼ぶか、この問題は依然として日本人の存在に深く関わるということですね。

そのことに一番こだわったのは、戦中に青春期を送った人々だったと思います。城山三郎に『大義の末』という小説があります。一九五九年、つまり明仁天皇の結婚の年に発表された作品ですが、まさにそのことを扱っています。あとがきで著者はこう言っています。「この作品の主題は、私にとって一番触れたくないもの、あいまいなままで過ごしてしまいたいものでありながら同時に触れずにはいられぬ最も切実な主題である。皇太子とは自分にとってなんであるのか、この問いを除外しては私自身の生の意味を問うことは出来ない。」この言葉だけでも、今日想像すること、理解することは容易ではないと思います。城山三郎は一橋大学の出身で、実は私の父と同期なのです。城山三郎の話を聞かされて育った私にとって、彼の問いは私の父の世代全体の問いでもあります。

『大義の末』の主人公は柿見という名前で予科練上がりという設定です。戦争が終わって「H高校」（東京商科大学の予科。Hは後の大学名のイニシャル）に入ってみると、周囲は早くも「天皇、天ちゃん、チビ天」の時代になっている。あっという間に世情が変わってしまっていて、予科練上がりの学生はかなり排撃されたらしいです。彼自身は杉本五郎の『大義』（一九三八年）という、ある意味最もファナティックな天皇主義の軍人思想が記された本に自分が傾倒したことにこだわっています。一方、仲間の学生たちは皇太子を「セガレ」と呼んでいる。その中に、皇太子、現在の天皇が、この作品では「T大」となっている大学の、五月祭なので明らかに東大のことですが、学園祭を訪問した時のエピソードが出てきます。

「けしからんよ、じっさい」と森。森というこの友人は戦後直後には天皇制支持者だったのですが、この時までに考えが変わっていたのです。「『けしからんよ、じっさい』と、森がつづけて言うのにも黙ってうなずいた。仰々しい供奉を目撃したときの腹立ちが想像できた。だが森は別のことに腹立っていた。『原爆展をやってた。その入り口に来てセガレが、『こんなつまらぬものは見ない』と言ったんだ。』横腹を蹴飛ばされたように、柿見はしばらく声も出なかった。」

この作品はほとんど史実を基に書かれています。昭和天皇に関する部分は私も知っていることが大半です。皇太子に関して、こういうことが実際にあったのかどうか。少し調べたのですが確認できていません。もしこの小説の記述の背後に事実があるとすれば、いまや名君の誉れ高い明仁天皇は、いつから、何をきっかけに「戦後民主主義者」になったのか、検証にあたいすることではないでしょうか。

ここからはちょっと面白いのですが、城山さんは予科からそのまま東京商科大学に進学して、在学中に新制大学への移行とともに大学名が変わります。ところがこの作品の主人公は、大学は「K大」に来たことになっているのです。京大天皇事件の時、現場にいたという設定にするためです。ここで、問題の公開質問状がそのまま引用されます。

「名前だけは人間天皇であるけれど、それがかつての神様天皇のデモクラシー版にすぎないことを私たちは考えざるを得ず、貴方が今又単独講和と再軍備の日本でかつてと同じような戦争イデオロギーの一つの支柱としての役割を果そうとしていることを認めざるを得ないのです。」

この公開質問状は、後に技術史家として活躍される中岡哲郎さんが書かれたことは現在ではよく知られています。京大天皇事件については、河西秀哉さんという若い研究者の方が最近『天皇制と民主主義の昭和史』（人文書院）という本の中で詳しく論じられていますので、是非振り返ってみていただきたいと思います。『大義の末』の主人公はこの公開質問状に深い感銘を受け、「『貴方』という呼びかけ。きびきびと無駄なく問いかけていく文体。天皇への対決という張りつめた気分が行間ににじみ出ている」と評します。彼にとってこれは、皇太子を仲間うちで「セガレ」などと呼んでいる学生たちとはまったく違う精神的な態度であり、天皇制に向き合うにふさわしい、真に戦後的な表現に初めて出会ったということなのです。もっとも、この作品の難しいところは、この精神の張りつめ方が、主人公の中では杉本五郎の『大義』と通底するとも感じられている点にあります。そこでさらにまた葛藤が生じ、とても複雑なことですが……。

いずれにしても、この時期の学生が天皇に「貴方《あなた》」と呼びかけたということの意味をあらためて考えようとすると、私自身が関わった一九七五年以降の反天皇制運動の中では、天皇は対等な人間として呼びかけるべき対象ではなかったことに思い当たります。片山さんや島薗さんは、今回のメッセージは、天皇が対等な人間であることを認めたところにポイントがあると言われていますが、「貴方」と自分が呼びかけられた公開質問状に答えることなしに、天皇が対等な人間になることなどあるのでしょうか。天皇事件の学生の質問状、これは朝鮮戦争のさなか、京大の正門前に立て看として出されたものです。京大ではいま、一九五一年にはあった自由が奪われようとしています。

最後になりますが、私がこのような六〇年安保以前の学生運動の歴史を学ぶことで考えを深めたいと思っているのは、学生時代に考えていたような天皇制論では到底やっていけない時代に入ってきていると痛感しているからでもあります。この公開質問状の独特の戦後性、これを私たちはいま、どのように考えるべきなのでしょうか？天皇制が過去のものとなった未来の日本社会で、この文章はどのように回顧されることになるのでしょうか？　本当に疑問符だらけです。このような想像にどんな意味があるのだろうかということも、ちょっと気弱に考えたりしています。

以上です。長時間、ご静聴いただきありがとうございました。

ともに考えること、闘うこと――あとがきに代えて

本書に収録した文章は「ナショナリズム、その〈彼方〉への隘路」をのぞいて、すべて二〇一一年三月の東日本大震災以後の日付を持っている。震災と原発事故の衝撃を受けた暗中模索の記録と言ってもいい。当面の情勢の分析が歴史認識の複雑な再検討を、原発事故という終わらざる出来事に触発された過去の想起が思想史的展望の緊急の刷新を要求した。試行錯誤の連続である。

しかし、震災以降に自分が書いた文章を読み直してみてあらためて気づくことは、こうした喫緊の作業の複雑化と並行して、この危機の時間のなかで出会う機会に恵まれた人々の声、言葉、情動が、書き手の統制をはるかに超えて浸透していることだ。書き手はもはや膨大な存在の運動が流入し流出する、ひとつの通過点に過ぎないかのように。

社会運動に関与しつつ発してきた自分の言葉のありように或る変化を感じるようになったのは、実際には震災より数年前に遡る。二〇〇五年から一〇年間、長野県塩尻市の塩尻アイオナ教会の八月の平和集会に毎年招いていただいたことが、話すとき、書くときの

自分の姿勢に、繰り返し波に洗われるような確実な変化を及ぼした。その背景には〈九・一一〉からイラク戦争、そして自衛隊の海外派兵という大きな時代の転回があった。

私にとってそれは、それまでの教育や活動の場での言葉のやりとりとは相当に異質な経験だった。この集会の記録で活字化されたものは残念ながら長さの関係で本書に収めることができなかったが、お世話になった横田幸子牧師、応答の時間を分かちあった参加者の皆さんに感謝の気持ちを捧げたい。

震災ののち、福島第一原発事故の責任を問う民衆法廷に加わったことも、もうひとつの重要な転機になった。「判事」という役柄は自分に似つかわしくないと感じつつ、東京、福島、広島、大阪で開かれた法廷で、証人として発言された原発事故の被災者、避難者の方々の声に、正面から相対する位置で耳を傾けたことは、この事故に対する私の認識の質を大きく変えた。この法廷の記録は四冊のブックレットの形で、『原発民衆法廷――福島原発事故は犯罪だ！　東電・政府の政治責任を問う』（三一書房）として刊行されている。事故から九年が経ち、東海第二や女川など東日本でも原発再稼働が画策されるなか、臓腑から絞り出されたようなこの証言記録は今こそ広く読まれるべきだろう。法廷での私の発言は記録がなく、従って本書にも収められていないが、東京五輪招致が決定したとき我ながら驚くほどの激しい怒りに襲われたのは、このときの証言の力が自分のなかで働き続けていたからだと思う。この取り組みに声をかけてくださった前田朗さんに深く感謝する。

本書はこの怒りの表明から始まる。「「東京へゆくな」二〇二〇」の初出は、当時編集委員を務めていた雑誌『インパクション』（一九四号）で、「返上有理！　2020東京オリンピック徹底批判」という特集を組んだときの巻頭言である。自分が書いた文章のなかで、これほど感情を発露するにまかせたことはかつてなかったように思う。後続の文章のトーンは主題や執筆もしくは発話の条件によってそれぞれに異なるが、それでも「怒り」は基本情調として本書の底に流れ続けているはずだ。

第一章には震災および原発事故に直接言及した文章を集めた。この章の焦点のような位置を占める「〈過ぎ去らない現在〉から〈はじまり〉へ」は、今福龍太さんの発案で共同編集に携わった『津波の後の第一講』（岩波書店）のための報告である。一橋大学大学院言語社会研究科の私たちのゼミには、被災地に実家ないし生育の場を持つ学生が三名いた。宮城県南三陸町は津波のためほぼ全域が破壊され膨大な人々が亡くなった。福島県中通りの福島市は原発事故の深刻な影響に晒されていた。そして福島県浜通りの南相馬市では、津波と原発事故の二重の災厄が重なった。こうしてゼミのメンバーは皆、突然の故郷喪失と集団死の衝撃、来るべき喪の作業の気の遠くなるような巨大さに圧倒されるとともに、この災害の異例の複合性に次第に注意深くなっていった。還元不可能な多声性と右往左往する教師の姿が、あの日々の私たちの共同作業の表と裏のように記録されている。

第二章はその最初に本書中唯一の震災前の文章が置かれている。『ナショナリズム論・入門』（有斐閣）のために書かれたもので執筆時期は初出より二年ほど遡る。編者の一人の姜尚中さんの依頼で「ナショナリズムの克服」という課題が与えられていた。ここでは国家に保障された権利の主体としての個人以前の〈個〉に遡行する必要が、「一人の彼方へ」（黒田喜夫）の志向の前提としてあえて強調されている。一方韓国における二つの講演「国境を超える歴史認識を求めて」と「歴史と経済のはざまで」では、異なる視点からではあるが、いずれも境界の横断が試みられている。私にとってこの二つのアプローチは矛盾するものではなく、言わば相互前提の関係にある。境界に身を晒さずに境界を横断することはできないが、境界に身を晒すことはそのつど、与えられた属性が自明性を喪失し、〈私〉以前の〈裸〉の〈個〉に差し戻される経験だからだ。そこでは「羞恥」を繰り返し感じ直し考え直すことが、どうしても避けられない試練になる。

第三章の表題および本書の副題に含まれている「祝賀資本主義」という概念は、批判的オリンピック研究を牽引する社会学者ジュールズ・ボイコフが提案したものである。彼の仕事のなかでも、私による援用の試みにおいても、今後なお彫琢されていくべき、さしあたり概念というより解読格子と呼ぶほうが適切な考察の枠組みだ。資本主義と現代政治の節合の研究という点ではナオミ・クラインによる惨事便乗型資本主義の壮大なマッピングを補完する位置にあり、ネオリベラリズムの統治様式に関する認識を「スポーツの政治」の分析を通して拡張し深化することに貢献してきた。またギィ・ドゥボールの『スペクタクルの社会』以来のシチュアシオニスト系の現代社会批判との親和性も高い。

東京五輪招致決定の段階では、私はまだ「祝賀資本主義」という視点と出会っていなかった。英語圏の批判的オリンピック研究の最新の動向を知ったのは数年後、ボイコフの著書『祝賀資本主義とオリンピック』の一章の翻訳を含む『反東京オリンピック宣言』（航思社）によってである。ボイコフは「祝賀資本主義」の特徴を六点挙げている。①公権力が「祝賀」を上から「例外状態／非常事態」として強制することによって惹き起こされる基本的人権の大規模な侵害　②公的な資産・資金を片務的な官民協調により大手民間資本に流し込む利権構造の全面展開　③商業主義の貫徹　④セキュリティ産業との提携による最先端の管理テクノロジーの全社会領域への浸透　⑤持続可能性・環境保護・フェミズム・多様性・人権等のリベラルなモチーフの盗用　⑥巨大都市でのみ可能な社会的スペクタクルの極限化。この各点に該当する事例は、招致決定後の東京五輪の開催準備のなかに難なく見出される。しかしそれと同時に、日本における五輪招致運動の歴史には、この分析に収まりきらない或る要素が伏在することも容易に気づかれる。それは日本的な「祝賀」につきもののある種の〈宗教性〉であり、その中心に天皇制が位置することは言うまでもない。

二〇一六年七月の前天皇による「生前退位を求めるメッセージ」以来、天皇制について発言を求められる機会が多くなった。それとともに日本における五輪と天皇の深い結びつきも当然のごとく視野に入ってきた。「日本型祝賀資本主義」とは天皇制を不可欠な構成要素とする民衆の瞞着と搾取のシステムのことである。批判的オリンピック研究への私の貢献は微々たるものだが、ピエール・ド・クーベルタンのオリンピック復興思想が形成された一九世紀後半のフランスの政治＝思想状況はある程度の時間をかけて検討した。クーベルタンにとってオリンピックは、近代においても古代と同様、なによりもまず「宗教」

なのである。この点を外しては近代オリンピックの歴史は理解できない。逆にこの点を強調することで、肥大化した運動会に過ぎないオリンピックが、日本ではあたかも「神聖不可侵」の祭事のように珍重される理由も明らかになってくるはずだ。

五輪反対運動に関わるようになり、仲間たちの五輪批判の根拠に触れ、視野が広がり認識が深まるにつれて、課題も増大するばかりだった。神宮地区と湾岸地区をはじめとする首都圏の環境浄化と再開発が、福島原発事故の隠蔽と並ぶ今大会招致のもう一つの主導的な動機であり巨大な利権の発生源であることは、運動のなかではじめて具体的な認識を得ることができた。また五輪反対運動を反排除の観点を軸に優生思想、能力主義の実践的批判運動として展開する「反五輪の会」の主張と行動からも強いインパクトを受けた。五輪を拒否する根拠の多様性はともすれば運動の内的矛盾にも転化しうるが、そのポテンシャル、言い換えれば「ともに考えること、闘うこと」の歓びも、やはりそこから湧き出してきているに違いない。

「まつろわぬ者たちの祭り」という本書の表題も、私のなかでは或る共同作業の記憶に結びついている。それは一九九九年夏の国旗国歌法制定反対運動にかかわった仲間たちで、その年の暮れに催した集いの名称だった。「まつろわぬ民」とはこの列島で、大和朝廷への服属を拒否した人々のことを指す。古代東北の蝦夷から近代のアイヌ民族、沖縄民衆へ、「隠された伝統」としての不服従は、ときに担い手の交代をともないながら連綿と受け継がれてきた。天皇制を支持する人々があくまで皇統の連続を主張するのであれば、今日「日本型祝賀資本主義」としての東京五輪への参加を拒否する人々は、「まつろわぬ民」の後裔たる資格を持っているだろう。「祝賀」の強制に抗し、元号の支配の及ばない、列島内外を横断する別の時空を開くことで、「民族の祭典」とはすべてが真逆の祝祭を、この人々は着実に準備しつつある。ちなみに裏表紙に使わせていただいたのは、東京五輪開幕半年前にあたる二〇二〇年一月二四日、お台場で開かれたセレモニーに対する抗議行動（主催・2020「オリンピック災害」おことわり連絡会）の写真である。

本書の姉妹編である前著『テロルはどこから到来したか』には主として同時代の国際的な政治思想課題に取り組んだ論考を、本書には日本および東アジアの状況に密着した文章群を収録した。前著に引き続き周到な編集作業によって刊行まで導いてくださったインパクト出版会の須藤久美子さん、出版を快く承諾してくださった深田卓さんに心より感謝を捧げる次第である。

二〇二〇年三月六日

鵜飼　哲

［著 者］

鵜飼 哲（うかい さとし）

1955年生。一橋大学特任教授。フランス文学・思想専攻。

著書・翻訳書

『抵抗への招待』みすず書房／1997
『償いのアルケオロジー』河出書房新社／1997
『応答する力　来るべき言葉たちへ』青土社／2003
『主権のかなたで』岩波書店／2008
『ジャッキー・デリダの墓』みすず書房／2014
『テロルはどこから到来したか　その政治的主体と思想』インパクト出版会／2020
ジャック・デリダ『盲者の記憶　自画像およびその他の廃墟』（翻訳）みすず書房／1998
ジャン・ジュネ『アルベルト・ジャコメッティのアトリエ』（翻訳）現代企画室／1999
ジャック・デリダ『生きることを学ぶ、終に』（翻訳）みすず書房／2005
ジャック・デリダ『動物を追う、ゆえに私は（動物で）ある』（翻訳）筑摩書房／2014

共著

ジャン・ジュネ『恋する虜』（共訳）人文書院／1994
『「ショアー」の衝撃』（共編著）未來社／1995
『原理主義とは何か』（共著）河出書房新社／1996
『国民とは何か』（共訳著）インスクリプト／1997
ジャック・デリダ『友愛のポリティックス』１、２（共訳）みすず書房／2003
ジャン・ジュネ『シャティーラの四時間』（共訳）インスクリプト　／2010
ジャン・ジュネ『公然たる敵』（共訳）月曜社／2011
『津波の後の第一講』（共編著）岩波書店／2012
『レイシズム・スタディーズ序説』（共著）以文社／2012
ジャック・デリダ『他の岬　ヨーロッパと民主主義』（共訳）みすず書房／2016
『反東京オリンピック宣言』（共著）航思社／2016
『デリダと「死刑」を考える』（共著）白水社／2018
『思想の廃墟から　歴史への責任、権力への対峙のために』（共著）彩流社／2018
『で、オリンピックやめませんか？』（共編）亜紀書房／2019　　他多数

まつろわぬ者《もの》たちの祭《まつ》り　日本型祝賀資本主義批判《にほんがたしゅくがしほんしゅぎひはん》

2020年 4月5日　第1刷発行

著　者　鵜　飼　　哲
発行人　深　田　　卓
装幀者　宗　利　淳　一
カバー写真提供　鈴 木 崇 峰
発　行　インパクト出版会
〒113-0033　東京都文京区本郷2-5-11　服部ビル2F
Tel 03-3818-7576　Fax 03-3818-8676
E-mail：impact@jca.apc.org　http://impact-shuppankai.com/
郵便振替　00110-9-83148

印刷・製本 モリモト印刷